图解
中国园林

陈 波 著

江苏凤凰科学技术出版社 · 南京

图书在版编目（CIP）数据

图解中国园林 / 陈波著. — 南京 ：江苏凤凰科学技术出版社，2024.7
ISBN 978-7-5713-4415-3

Ⅰ. ①图… Ⅱ. ①陈… Ⅲ. ①园林－中国－图解 Ⅳ. ①K928.73-64

中国国家版本馆CIP数据核字（2024）第109427号

图解中国园林

著　　者　陈　波
项目策划　凤凰空间/徐　磊
责任编辑　赵　研　刘屹立
特约编辑　徐　磊

出版发行　江苏凤凰科学技术出版社
出版社地址　南京市湖南路1号A楼，邮编：210009
出版社网址　http://www.pspress.cn
总　经　销　天津凤凰空间文化传媒有限公司
总经销网址　http://www.ifengspace.cn
印　　刷　北京博海升彩色印刷有限公司

开　　本　710 mm×1 000 mm　1 / 16
印　　张　13
字　　数　150 000
版　　次　2024年7月第1版
印　　次　2024年7月第1次印刷

标准书号　ISBN 978-7-5713-4415-3
定　　价　78.00元

前言

作为一名对园林有情怀、对生活品质有追求的大学老师，我致力于普及园林知识，努力推广、传播中国园林文化，力求让园林融入大众生活，让文学中的“桃花源”成为现实中的理想胜境。

我给大一新生开设了“风景园林导论”的课程。这门课的目的是科普，让进入风景园林专业的新生对学科和行业有一个总体性、概括性的认识，对未来的专业学习可以起到宏观指导的作用。

每次在第一节课上，我都会跟学生们交流一个问题：“请谈谈你们对风景园林的认识。”得到的答案几乎千篇一律：风景园林嘛，就是“栽花的”“种树的”“搞绿化的”……这些认识让我心里拔凉拔凉的。

对于风景园林的认识，连专业学生都懵懵懂懂，可以想象，大众的了解程度就更加不容乐观了。

现实问题就摆在面前：生活的节奏越来越快，人们整日穿梭在“水泥森林”中，却忽视了身边的许多美好——春天的鸟语清风、夏天的蝉鸣荷香、秋天的落叶缤纷、冬天的皑皑白雪……

热爱自然、向往自然，是人类的天性。当前，随着物质生活的相对丰富，人们有了更高的精神追求。园林，便是现实生活中的“桃花源”，人们在此能够与自然和谐相处。

如果说建筑给我们提供了遮风挡雨、御寒避暑的港湾，园林则赋予了我们生活的诗意与静谧。于是，我们希望能守一方向往的天地，寄情山水、摆弄花草、观鸟赏鱼，寻得内心的安宁，享受大自然的恩赐，让园林融入生活的点点滴滴。

但是，园林在古代是属于达官贵人的私有财产，并非人人都能享受。而在现代，虽然园林专业的发展日益成熟，但急功近利的现象也越来越多，越来越“高大上”的专业研究成果，让曾经的“桃花源”离人们的日常生活越来越远。

中国是一个有着五千年文明史的国家，中国园林也有三千年的发展历史，并被公认为“世界园林之母”。我们在为灿烂悠久的园林历史文化感到荣耀的同时，偶尔也会感觉有些虚无缥缈——那些教科书上干巴巴的园林名称和建造朝代，与我们今天奔波忙碌的生活有什么关系？我们又真正了解多少园林的妙趣？

其实，园林的内涵丰富、外延宽广，用专业的语言来定义，园林就是在一定的地域，运用工程技术和艺术手段，通过改造地形（或进一步筑山、叠石、理水）、种植树木花草、营造建筑和布置园路等途径，创作而成的美的自然环境和游憩境域。

可见，园林既是具体的休憩空间与场所，包含了亭台楼阁、山石路径和花木溪池，又是抽象的文化精神，表达了人生哲学、诗画意境和环境理想。这些物质文化和精神文化十分契合我们对美好生活的向往。

在大力提倡传承发展中华优秀传统文化的今天，作为优秀传统文化代表之一的中国园林，必须打破“养在深闺人未识”的现状，通过广大从业者的不懈努力，拉近和大众之间的距离，并融入人们的日常生活，最终实现“让园林文化流行起来，让园林生活成为时尚”的目的。

2023 年，我和王月瑶、景郁恬合著《图解江南园林》的出版，开启了“图解中国古典园林系列”的新篇章。该书根据地域分布，在江南园林核心区——浙江和江苏两省选择了杭州、温州、扬州和苏州四座古城，分析其私家园林的造园背景、发展简史、典型名园和艺术特色，从而管窥江南古典园林的不同地域特色，揭开江浙两地古典园林异同的奥秘。该书出版以来，得到了读者朋友们的普遍好评。

但我深知，中国古典园林所包含的智慧几乎涵盖了中国传统文化的方方面面，是一部全景式的百科全书，而我目前涉及的仅仅是冰山一角，已出版的著作还不够全面、深入。因此，我希望努力弥补，以酬读者厚爱。

于是，我下定决心、克服困难，全力以赴地着手创作新的图解系列读物——《图解中国园林》。

在本书写作过程中，我一次次被中国古典园林艺术之美所吸引，并深深为其折服。中国古典园林艺术博大精深，是世界设计艺术的瑰宝，集中了书法、绘画、诗词、建筑、雕塑、植物学、园艺学等多种艺术表现形式，是中国历代文人雅士和能工巧匠勤劳与智慧的结晶。

本书采用通俗易懂的表达方式，尽可能融知识性与趣味性于一体。书中收录的古典园林知识点，尽可能融全面性与代表性于一体，涉猎广泛的同时突出重点。

“诗意的人生，是坚持做自己喜欢的事情。”每天用文字与大家分享园林那些事儿，是我之幸。希望广大读者朋友们能从本书感受到中国园林的乐趣。你们的满意，是我最大的追求；你们的鼓励，是我最大的动力。谢谢！

2023 年 12 月于杭州浙韵居

目录

第四章　园林建筑景观营造

第五章　园林植物景观营造

第一章
中国古典园林概览

中国古典园林是中华传统文化宝库中一朵璀璨夺目的奇葩。它特色鲜明地折射出中国人的自然观和人生观，突出地抒发了中华民族对于自然环境和美好生活的向往与热爱。它凝聚了中国古代知识分子和能工巧匠的勤劳与智慧，蕴含了儒释道等传统哲学思想，与山水诗、山水画等传统艺术相辅相成，自古以来吸引着无数中外游人，被誉为“世界园林之母”。

第一节　中国古典园林的含义

一、“園”字释义

从商周时期的“囿”“台”“圃”等概念算起，中国古典园林已有三千多年的发展历史。虽然类型多样、风格迥异，但园林的基本要素都包含在繁体字“園”字之中（图 1-1）：最外面的“囗”是围墙，代表建筑；里面上部的“土”是土地，代表地形和山石；中部的“口”代表水体；下部像枝杈一样的字形则代表植物。可见，山石、水体、建筑与植物，共同构成了园林的四大基本要素。它们是园林得以存在的物质基础，也是本书论述的重点内容。

图 1-1　“園”字释义——园林的四大基本要素

于是，园林的定义可以概括如下：园林是在一定的地域，运用工程技术和艺术手段，通过改造地形（或进一步筑山、叠石、理水）、种植树木花草、营造建筑和布置园路等途径，创作而成的美的自然环境和游憩境域。

二、中国古典园林八大要素

除了上述四个物质基础，中国古典园林还有四项功能，即豢养动物、装饰诗画、营造意境、开展活动。因此，在山石、水体、建筑、植物这四大基本要素的基础上，再加上动物、诗画、天象、人物活动这四大升华要素，就共同组成了中国古典园林八大要素（图 1–2）。

其中，山石、水体、建筑、植物、动物、诗画六类景观是园林实景，可以购买或依靠造园者的匠心独运和鬼斧神工塑造出来；天象景观是园林虚景，只能随大自然的气象变化、四季轮回，通过借景的方式加以塑造；而人物活动则是园林的主要功能。园林是人物活动的载体，园林营造的根本目的，就是为人们提供开展各式各样休憩活动的场所。

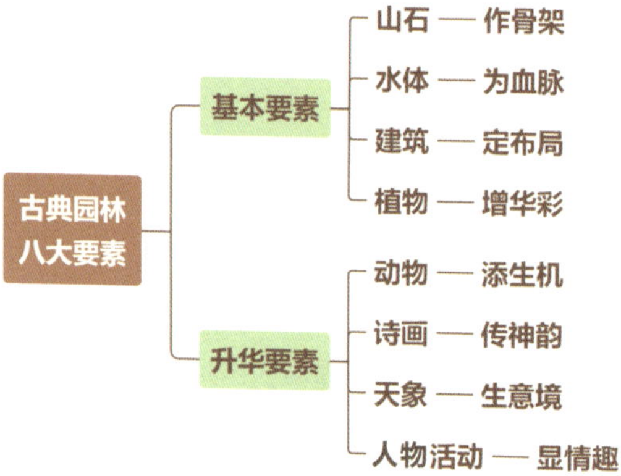

图 1–2　中国古典园林八大要素

当然了，这八大要素还可以继续细分，每个要素都类型丰富、作用多样。

1. 园林山石

园林山石包括土山、石山、土石山等山体景观，以及太湖石、房山石、黄石、青石、英石、灵璧石、宣石、石笋石等置石景观（图 1–3）。清奇嶙峋的山石景观被喻为园林中的骨架，具有营造主景、构建地形和划分空间的作用。

图 1-3 园林假山（北京北海琼华岛，左图）与置石（北京颐和园青芝岫，右图）

2. 园林水体

园林水体包括湖泊、池沼、潭、井、河流、溪涧、曲水、瀑布、泉等水体景观（图 1-4），以及桥梁、堤岛、塔幢、舟船、鱼鸟、植物等水上景观（图 1-5）。柔润灵动的水体景观被喻为园林中的血脉，具有引导、分隔、点缀、倒映和连接的作用。

图 1-4 园林湖泊（浙江杭州西湖）

图 1-5　园林桥梁（浙江南浔古镇通津桥）

3. 园林建筑

园林建筑包括亭、廊、榭、楼阁、塔、石舫、厅堂、馆、轩、斋、室等建筑物，以及园路、铺装、围墙、门窗、小品、陈设等构筑物（图 1–6）。美轮美奂的建筑景观是古典园林的主体和核心，它往往决定了园林的总体布局，具有造景、观景、联系、过渡和作为活动空间的作用。

图 1-6 园林楼阁（湖北武汉黄鹤楼，左图）与长廊（北京颐和园长廊，右图）

4. 园林植物

园林植物包括乔木、灌木、竹类及棕榈类等园林树木，以及一二年生花卉、多年生花卉（包括宿根花卉、球根花卉）、攀缘及蔓性花卉、兰科花卉、水生花卉、蕨类植物、多浆植物等园林植物花卉（图 1–7），还有一些藤本植物。绚丽多彩的植物景观被喻为园林中的毛发，具有美化环境、改善生态、营造空间、演绎时间、托物言志的作用。

图 1-7 园林树木（垂柳，左图）与花卉（郁金香，右图）

5. 园林动物

园林动物包括禽类、兽类、鱼类、虫类等实体动物（图 1–8），以及龙、凤、貔貅、麒麟、玄武等虚拟动物。亲切可爱的动物是人类的伙伴，是古典园林中灵动活泼的元素，其艺术形象具有观赏娱乐、活跃氛围和塑造生机的作用。

图 1-8　园林禽类（丹顶鹤，左图）与鱼类（金鱼，右图）

6. 园林诗画

园林诗画包括诗词文学、书法和绘画等艺术类型，以及题名、匾额、楹联、碑刻等表现形式（图 1–9）。点睛传神的诗画景观为园林景色提炼润饰，从而达到画龙点睛、引人入胜的观赏效果，具有抒发胸臆、陶冶情操和传递神韵的作用。

图 1-9　园林匾额、楹联（江苏苏州拙政园“与谁同坐轩”，左图）与碑刻（浙江绍兴兰亭“鹅池”碑，右图）

7. 园林天象

园林天象包括日月星辰、晨昏交替、四时变化等天文景观，以及风霜雨雪、云雾虹霞、电闪雷鸣等气象景观（图 1-10）。变幻多端的天象景观似实似虚、亦真亦幻，具有一种风月无边之美，常作为园林中借景的对象，具有烘托主景、营造气氛、寄托情愫和生发意境的作用。

图 1-10　园林天文（浙江杭州西湖月夜，上图）与气象（浙江杭州西湖雪景，下图）

8. 园林活动

园林活动包括踏青赏景、焚香静坐、品茗清谈、博古插花、抚琴对弈、吟诗听曲、挥毫泼墨、雅集宴饮等游憩活动（图 1-11）。园林的实用功能体现在为人们提供高品质的独处或聚会活动空间，人在园林中栖居，丰富多彩的园居活动构成了充满诗意的园林生活。

图 1-11　园林雅集（明代谢环《杏园雅集图》局部，上图）与品茗（明代唐寅《事茗图》，下图）

第二节　中国古典园林的分类

在几千年的历史长河中，中国古典园林发展出了丰富多彩的园林类型，一般有三种不同的分类方法，下面进行具体介绍。

1. 按照园林基地的选择和开发方式分类

按照园林基地的选择和开发方式的不同，可分为天然山水园和人工山水园两种类型。

天然山水园，是以天然的山水风景为基础建造的园林。这类园林将原始的地形地貌适当地进行调整、改造、加工，然后再配置花木和营造建筑，一般建在城镇近郊的山野地带，比如杭州西湖周边的园林。

人工山水园，就是人为地创造山水地貌的园林。这类园林在平地上开凿水体、堆筑假山，配以花木栽植和建筑营造，把天然的山水风景移缩、模拟在一定的地域范围里，一般多建在城镇，比如著名的苏州园林。

2. 按照园林所处地理位置分类

按照园林所处地理位置的不同，可分为北方园林、江南园林、西蜀园林和岭南园林四种主要类型。

北方园林（图 1-12），大多位于中国北方历史古城所在地，以北京皇家园林为代表，占地面积大，建筑富丽堂皇，风格浑朴厚重、气势恢宏。

图 1-12　北方园林的代表（北京颐和园）

江南园林（图 1-13），分布于长江三角洲地区，以苏州、杭州的私家园林为代表，咫尺山林，建筑精美玲珑，风格雅致秀丽、曲折幽深。

图 1-13　江南园林的代表（江苏苏州拙政园）

西蜀园林（图 1–14），主要分布于川西平原一带，崇尚自然，随形就势，常与名人纪念有关，建筑质朴淡雅，风格自然飘逸、文秀清幽。

图 1–14　西蜀园林的代表（四川成都武侯祠）

岭南园林（图 1–15），分布于珠江三角洲地区，颇具热带风光，因气温较高、雨水较多，建筑物高大、开敞，风格中西合璧、绚丽灵秀。

图 1–15　岭南园林的代表（广东番禺余荫山房）

3. 按照园林隶属关系分类

按照园林隶属关系的不同，可分为皇家园林、私家园林、寺庙园林、公共园林等主要类型（图 1–16）。

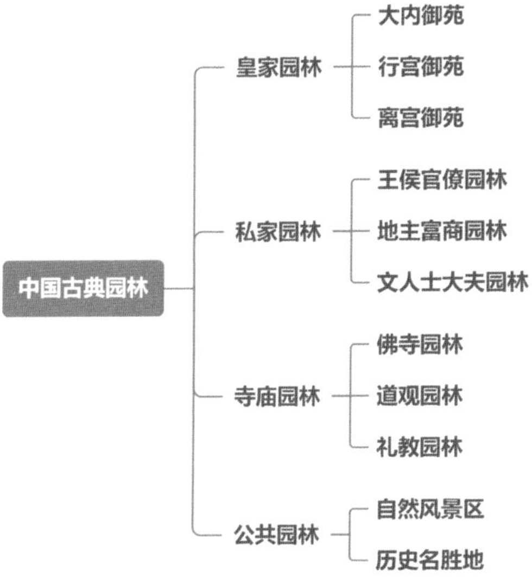

图 1–16　中国古典园林的分类

皇家园林，指属于皇帝个人和皇家私有的苑、宫苑、苑囿、御园等。皇家园林尽管也会模拟山水风景、追求自然，但更注重利用建筑形象和总体布局以显示皇家的气派和皇权的至尊。

私家园林，相对于皇家园林而言，属于民间的官僚、文人、地主、富商所有，也叫作园、园亭、园墅、池馆、山池、山庄、别业、草堂等。私家园林规模较小，大多以水面为中心，四周散布建筑，构成景点；以修身养性、闲适自娱为主要功能。

寺庙园林，泛指隶属于为精神信仰和意识崇拜服务的建筑群的园林，包括佛寺园林、道观园林（含道教宫观、城隍庙、关帝庙、土地庙、龙王庙、五岳庙等建筑中的园林）、礼教园林（含祭坛、宗庙、祠堂、陵寝等礼制建筑，文庙、学宫、书院等教育建筑中的园林）等类型（图 1–17）。受哲学和宗教因素的影响，这类园林主要追求的是赏心悦目、恬适宁静，很讲究内部庭院的绿化，多以栽培名贵花木而闻名于世。

图 1-17　佛寺园林（江苏南京鸡鸣寺，上图）与书院园林（湖南长沙岳麓书院，下图）

公共园林，也叫作邑郊园林，一般是结合自然山水开发而成的园林，分散布点，园中有园。它具有公共游乐的性质，既有山水亭榭的风景之胜，又有游艺集市的娱乐之便，风格朴实自然。

第三节　中国古典园林的发展历程

从商周时代至今，中国古典园林已有三千多年的发展历程，因此历史分期方法也比较多，这里简单介绍三种分期论述。

一、园林历史三阶段论

北京建筑大学曹汛教授在梳理中国园林发展脉络后，提出中国园林发展可分为三个阶段：先秦至秦汉的皇家园林一家独大阶段（图 1–18）、魏晋至隋唐的皇家园林与私家园林平行发展阶段（图 1–19）、宋元至明清的私家园林后来居上阶段（图 1–20）。

曹汛先生认为，中国古典园林主要有五个分支：自然风景区、邑郊园林、寺庙园林、皇家园林、私家园林。就造园艺术的发展演变来看，其中主流是皇家园林和私家园林。

皇家园林的起源可以上溯到商末周文王的灵台、灵沼，以及春秋诸侯的苑囿。秦始皇统一中国后，在咸阳原上仿建六国宫室，并在渭水之南兴建阿房宫，规模宏伟壮丽。到了西汉，汉武帝兴建了建章宫、上林苑，长安一带遍布皇家的离宫别馆。建章宫北部的太液池中有蓬莱、方丈、瀛洲三座岛屿，这种一池三山的格局成为后世宫苑池山的典型模式。可见，秦汉及以前，皇家园林占绝对上风。

汉代出现了私家园林，如梁孝王所筑兔园，大将军梁冀、茂陵富民袁广汉等建造的私园等，都是模仿皇家园林建造的，规模很大。

魏晋南北朝以后，私家园林逐渐兴盛，出现了“中园”一词，和皇家的“上苑”抗衡。从此，私家园林得以和皇家园林平行发展。后来，不仅大官僚、大地主，一般中小官僚、中小地主和文人士大夫等也开始建造私园，于是“小园”渐兴，南北朝诗人庾信的《小园赋》更是奠定了小园的纲领。隋唐时期，宫苑仍然十分兴盛，私家园林和皇家上苑分庭抗礼，也有很大发展，以白居易庐山草堂、王维辋川别业为代表。

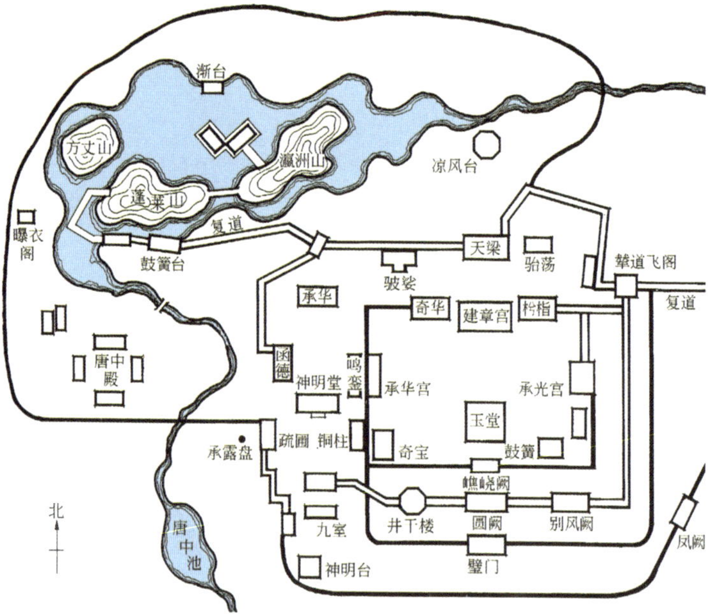

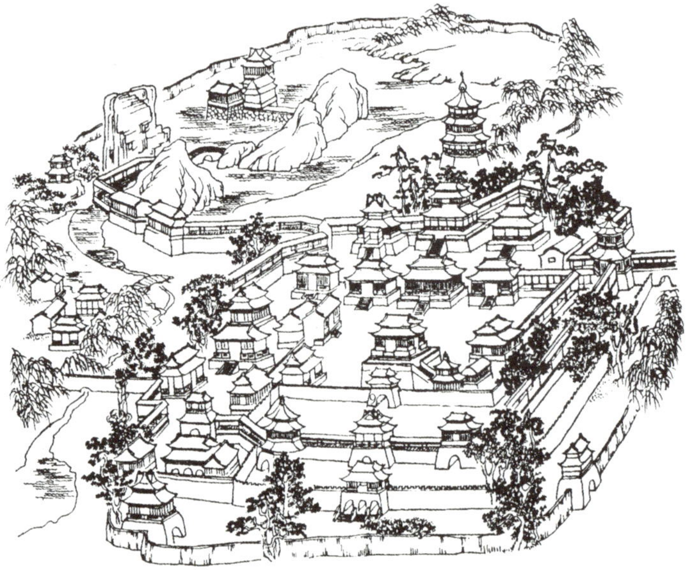

图 1-18　中国古典园林发展第一阶段：皇家园林独步天下（汉武帝建章宫）

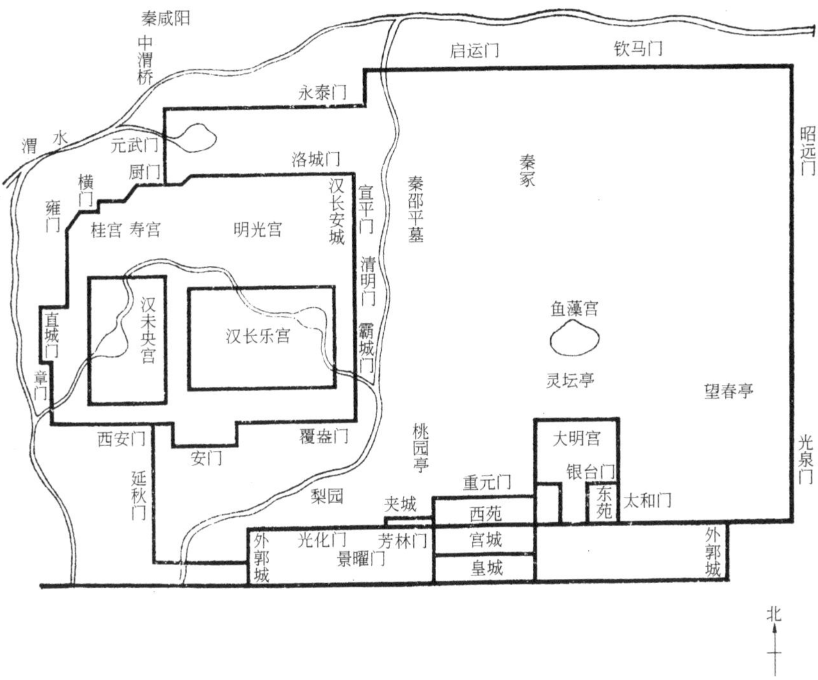

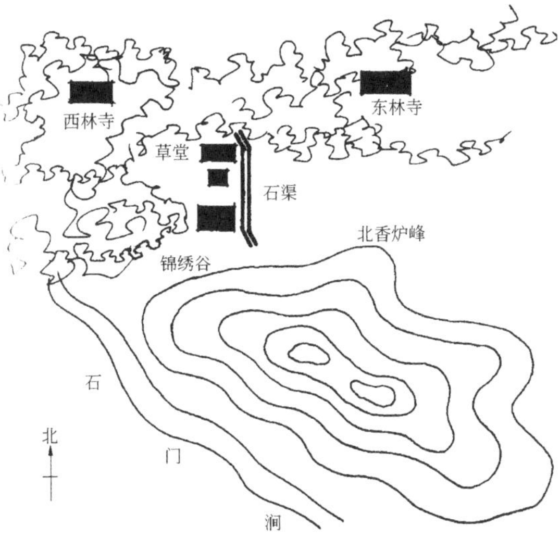

图 1-19　中国古典园林发展第二阶段：皇家园林与私家园林平分秋色（上图为唐长安城禁苑平面图、下图为白居易庐山草堂平面图）

从宋元时期开始，私家园林趋于成熟，逐渐占了上风。到了明清时期，皇家园林不得不反过来步私家园林后尘，撷取私家园林的精华。以圆明园为代表，清乾隆皇帝虽标榜说是“移天缩地在君怀”，但《红楼梦》作者曹雪芹却转弯抹角地讥评说：“非其地而强为其地，非其山而强为其山，虽百般精而终不相宜。”这时的皇家园林实际上已经开始走向衰落。

通过上述皇家园林和私家园林互相借鉴、互为消长的三个历史阶段的解析，不难看出，我国造园艺术的最后成熟是以私家园林的蓬勃发展为标志的。这就表明，中国的造园艺术，并不像欧洲那样，以皇帝、国王为至上主宰，而是一种渗透到全民族文化生活当中的千千万万人的智慧创造，中国园林艺术可以说是全中国人民的艺术。

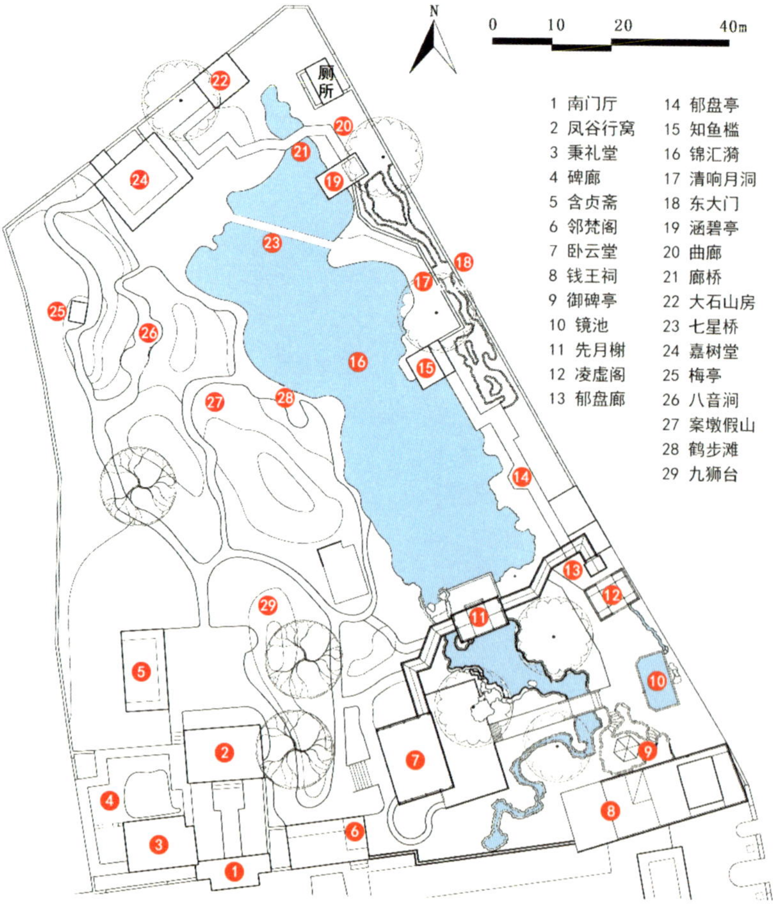

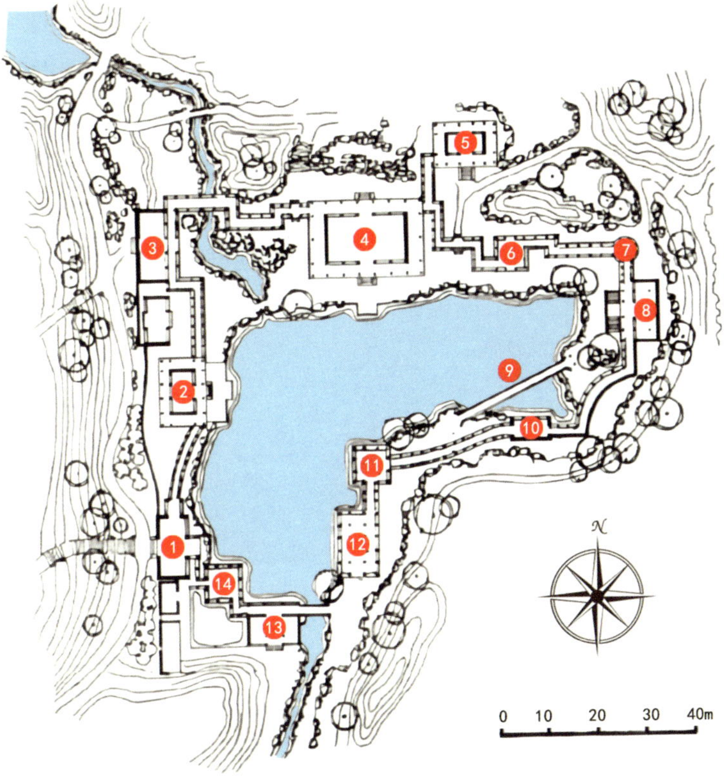

1 园门 2 澄爽斋 3 瞩新楼 4 涵远堂 5 湛清轩 6 兰亭 7 小有天
8 知春堂 9 知鱼桥 10 澹碧 11 饮绿 12 洗秋 13 引镜 14 知春亭

图 1-20 中国古典园林发展第三阶段：私家园林后来居上（左页图为私家园林江苏无锡寄畅园平面图，本页图为皇家园林北京颐和园中仿建的谐趣园平面图）

二、园林历史五阶段论

对中国古典园林史的分期，目前比较有影响力的是清华大学周维权教授在《中国古典园林史》中的划分方式，即将中国古典园林发展历程分为五个阶段：生成期（先秦至秦汉）、转折期（魏晋南北朝）、全盛期（隋唐）、成熟前期（宋元到清初）、成熟后期（清中叶到清末）。

1. 生成期（前 16 世纪—220 年）

这段时间是园林产生和成长的幼年期，包含商、周、秦、汉几个朝代。

商代和周代是奴隶制社会，天子只是国家的象征，实际权力都在奴隶主贵族手中，他们通过天子分封土地的方式获得世袭统治地位。贵族的宫苑是中国古典园林的最初形式，也是皇家园林的前身。

秦代和汉代是封建制社会，皇帝至高无上，以孔子为代表的儒家思想逐渐获得正统地位。以地主小农经济为基础的封建帝国形成，相应的，此时的皇家园林规模宏大、气魄雄伟，成为这个时期造园活动的主流（图 1-21）。

图 1-21　清代袁江《阿房宫图》（秦始皇阿房宫）

2. 转折期（220—589 年）

转折期包含三国、两晋、南北朝时期。

在这几百年的历史中，小农经济受到贵族庄园经济的冲击，北方游牧民族南下中原，国家处于分裂状态，儒家思想的正统地位也受到了其他学派的挑战。

此时，贵族和富商阶层的壮大削弱了官僚机构的统治权威，民间的私家园林趁势异军突起。并且，由于社会动荡不安、人人朝不保夕，使得佛教和道教盛行，寺庙园林也开始兴盛起来。

这一时期的园林，由于贵族士大夫阶层追求自然山水之美，从而确立了山水园林的美学思想，实现了古典园林从生成期到全盛期的转折，奠定了中国风景式园林大发展的基础（图 1-22）。

图 1-22　明代仇英《桃源仙境图》局部（东晋陶渊明笔下的桃花源）

3. 全盛期（589—960 年）

相当于隋、唐及五代时期。

这一时期，国家重新统一，贵族势力和庄园经济受到抑制，中央集权的官僚机构更加健全、完善，形成了以儒家为正统，儒家、道家、佛家共同发展的局面。

唐朝的建立开创了历史上一个意气风发、勇于开拓、充满活力的全盛时代。在这个时代，我们能够看到中国传统文化非常开放的气度和旺盛的生命力。

于是，园林的发展也相应地进入了盛年期。作为一个园林体系，它所具有的风格特征已经基本上形成了（图 1–23）。

图 1–23　清代袁耀《九成宫图》（唐太宗九成宫）

4. 成熟前期（960—1736 年）

相当于两宋到清初时期。

隋唐之后，中国封建社会发展定型，农村的地主小农经济稳步成长，城市的商业经济空前繁荣，市民文化的兴起为传统的封建文化注入了新鲜血液。

封建文化的发展虽失去了汉唐的开放气度，却在日益缩小的精致境界中，实现着从总体转化到细节的自我完善（图 1–24）。相应的，园林的发展也从盛年期升华为富于创造进取精神的完全成熟的境地。

图 1–24　明代文徵明《独乐园图》（北宋司马光独乐园）

图 1–25　清代钱维城《狮子林图》（清乾隆年间苏州狮子林）

5. 成熟后期（1736—1911 年）

相当于清中叶到清末时期。

清代乾隆一朝是中国封建社会最后一个繁盛时代，表面的繁盛掩盖着四伏的危机。

道光、咸丰两朝以后，随着西方帝国主义势力入侵，封建社会由盛转衰，逐渐趋于解体，封建文化也越来越呈现衰颓的迹象。

园林的发展，一方面继承了前一时期的成熟传统而更加精致，收获了中国古典园林的辉煌成就；另一方面也暴露出某些衰退的倾向，已多少丧失了前一时期积极、创新的精神（图 1–25）。

三、园林历史八阶段论

为了更好地契合各朝代的时代背景和特征，从而达到便于普及、传播的目的，笔者依据中国历史发展的进程特征，将中国古典园林发展历程划分为八个阶段（表1–1）：先秦、秦汉、魏晋南北朝、隋唐、宋、元、明、清。

表 1–1　中国古典园林发展分期及特色总结

时期	时代背景	阶段	特征
先秦	诸子百家争鸣	中国园林的诞生期	贵族的游猎园
秦汉	秦始皇统一天下	皇家园林的成型期	帝王的神仙居
魏晋南北朝	战乱频仍	园林体系的初创期	隐士的桃花源
隋唐	国力强盛，经济发展	皇家园林的极盛期	皇权的炫耀场
宋	文化发展繁荣	文人园林的巅峰期	文人的大舞台
元	对外贸易、交流频繁	写意园林的完善期	士人的隐居所
明	名家辈出	园林理论的总结期	名著的诞生地
清	园林风格多元	园林风格的成熟期	名园的博览会

第四节　中国古典园林的造园特色

中国古典园林艺术是伴随着诗歌、绘画艺术而发展起来的，因而它表现出诗情画意的内涵；又由于中国人民有着崇尚自然、热爱山水的风尚，因此中国古典园林又具有师法自然的艺术特色。

1. 意在笔先，匠心独运

这是从中国文学艺术移植而来的概念。意，可视为意念或意境，对内足以抒己，对外足以感人。它强调了在造园之前必不可少的“意匠”构思，也就是主题思想、造园立意。在此基础上，把握总体，胸有丘壑，合理布局，贯穿始终。中国园林巧妙运用“大处着眼摆布、小处着手理微”的原则，利用障景、透景、夹景等手法划分空间，又用主副轴线对位关系突出主景，用洄游线路组织游览，使统一的风格和意境序列贯穿全园，创造出了完整的风景园林体系。比较著名的有中国风景园林界泰斗孟兆祯院士提出的中国风景园林设计理法序列（图 1–26），在立意的基础上进行园林营造，充分体现了“意匠”理论中“意在笔先，匠心独运”的逻辑关系。

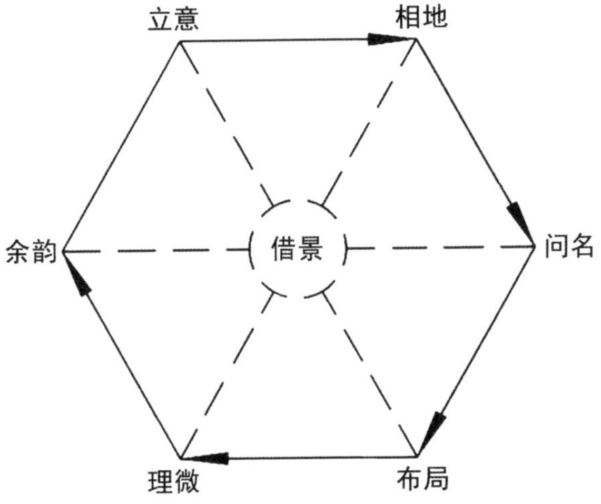

图 1–26　中国风景园林设计理法序列

2. 因地制宜，构园得体

凡营造园林，要根据地形、地势、地貌的实际情况，考虑园林的性质、规模，通过相地取得适宜的园址，运用因地制宜、随势生机和随机应变的手法进行合理的总体布局，使之合乎地形骨架的规律，协调多种景观要素的关系，达到构园得体的效果。这是中国古典园林艺术的又一大特色，也是中国画论中“经营位置”的原则之一。

3. 虽由人作，宛自天开

中国古典园林遵从“道法自然，天人合一”的原则，无论是皇家园林、私家园林，还是寺庙园林，造园者顺应自然、利用自然和仿效自然的主导思想始终不变，认为只要“稍动天机”，即可做到“有真为假，作假成真”。无怪乎中国园林被赞誉为“巧夺天工”（图 1–27），巧就巧在顺应天然之理、自然之规。

图 1-27 “虽由人作，宛自天开”的中国古典园林（左图为江苏无锡寄畅园，右图为浙江杭州郭庄）

4. 巧于因借，精在体宜

“因”是讲园林内部如何利用园址的条件进行改造加工。明代造园家计成所著的《园冶》中说：“‘因’者，随基势之高下，体形之端正，碍木删桠，泉流石注，互相借资；宜亭斯亭，宜榭斯谢，不妨偏径，顿置婉转，斯谓‘精而合宜’者也。”而“借”则是指园内外的联系。《园冶》特别强调借景“为园林之最者”。“‘借’者，园虽别内外，得景则无拘远近”，它的原则是“极目所至，俗则屏之，嘉则收之”，方法是布置适当的眺望点，使视线越出园垣，将园景尽收眼底（图 1–28）。

图 1-28　借助自然景色（北京颐和园借景玉泉山，左图）和声音（江苏无锡寄畅园八音涧借助水声，右图）造园

5. 欲扬先抑，步移景异

在造园时，运用影壁、假山、水景、树丛等作为入口障景，创造地形变化来组织空间的渐进发展，利用道路系统的曲折前进使园林景物依次出现，利用虚实院墙的隔而不断，以及利用园中园、景中景的形式等，不但可以创造引人入胜的效果，而且无形中拉长了游览路线、增加了空间层次，给人带来柳暗花明、绝处逢生的情趣。通过人们在行进中的视点、视线、视距、视野、视角等随机变化，产生审美心理的变迁和移步换景的效果，增强园林美景的吸引力。风景园林作为一个流动的游赏空间，善于在流动中造景，这也正是中国古典园林的特色之一。

6. 文景相依，诗情画意

中国园林艺术之所以享誉中外、经久不衰，一是具有符合自然规律的人文景观，二是具有符合人文情意的诗画文学。“文因景成，景借文传”，正是文、景的相互依赖、相互促进，才使中国园林艺术更有生命力。同时，也由于古人造园寓情于景，人们游园又触景生情，因此到处充满了情景交融的诗情画意，才使得中国园林更加深入人心、流芳百世（图 1-29）。

图 1-29　浙江绍兴沈园因南宋陆游与唐婉的爱情故事和《钗头凤》词两首而闻名于世

第五节 中国古典园林的造园手法

园林是时空融合的艺术，当“天人合一”的哲学观投映在园林营造中，就表现为用山水、植物、建筑等要素构筑空间的同时，利用其季相变化、时分变化、气象变化来描绘时间流动的秩序，使其在有限的空间中体现无穷的意境与志趣，富有自然生机。尤其是我国江南地区的私家园林，在咫尺之地采用不同的造园手法，能突破空间的局限性，创作出“多方胜景，咫尺山林”的园林艺术作品。“妙在小，精在景，贵在变，长在情”，这是中国古典园林艺术的精华所在。

1. 障景

障景又叫“抑景”，是为了达到欲扬先抑、障丑显美、增加层次、组织人流等目的，利用屏障引导游人转变方向的造园手法。

障景根据使用材料的不同，可分为影壁障（图 1–30）、假山障（图 1–31）、土丘障、树丛障、绿篱障、雕塑障、置石障、建筑障等。

园林中常常利用障景营造“山重水复疑无路，柳暗花明又一村”“路转溪头忽现”的景观效果，用以激发游人的游赏乐趣。当人们通过一段曲折、封闭的行程，眼前出现“豁然开朗”的景色的时候，视野为之一开，精神为之一振，确有一番新的惊喜，令人喜出望外。

图 1-30 浙江杭州花圃掇景园月洞门内的松石影壁障

图 1-31 浙江嘉兴海盐绮园月洞门内的假山障

2. 透景

如果美丽的景物被高于游人视线的物体所遮挡，便需要开辟透景线（图 1–32）以露出景色，这种处理手法叫作“透景”。

在安排透景时，常常与轴线或放射形直线的道路与河流统一考虑，这样做可以减少因开辟透景线而移植或砍伐大量树木。

透景线除透露景色外，还具有加强对面景物地位的作用。因此，沿透景线两侧的景物只能作为透景的陪衬，用以增强透景的艺术效果（图 1–33）。

图 1-32　透景线平面示意

图 1-33　从江苏苏州留园的明瑟楼遥望可亭，即为一条透景线

3. 添景

当游人观赏远处景观时，如果中间或近处没有过渡景观，就会感觉缺乏空间层次。在眺望的视线中若能有树木花卉等作为过渡之景，它们便被称为“添景”。

添景可以是建筑、小品、树木、花卉等（图 1–34、图 1–35）。比如体型高大、姿态优美的树木，无论是一株还是数株，往往都能起到良好的添景作用。

图 1–34　荷花作为浙江杭州西湖玉带桥的添景

图 1–35　树木作为浙江杭州西湖雷峰塔的添景

4. 夹景

为了突出主景，将其两侧用树丛、山体或建筑等加以屏障，形成左右遮挡的狭长空间，这种手法叫“夹景”（图 1–36、图 1–37）。

夹景通过轴线、透视线来突出主景，是一种带有控制性的造景手法。它不但能表现特定的情趣和感染力（如肃穆、深远、向前、探求等）、突出对面景物的地位，而且能够诱导、组织、汇聚视线，使景视空间定向延伸，直到主景而达高潮。

图 1–36 浙江杭州西湖雷峰塔夹景

图 1–37 江苏南京明孝陵夹景

5. 对景

在园林中，登上亭台楼阁，可观赏到对面的桥廊，或在桥廊等处可观赏到对面的亭台楼阁，这种布置两处或多处观赏点，令它们之间可以相互观赏的构景方法，叫作“对景”（图 1–38）。

对景不仅可以运用于室外景观，还可以运用于建筑布局及室内布局，尤其适用于观赏角度受限、无景可寻的情况，比如走廊的尽头、门外的照壁等。

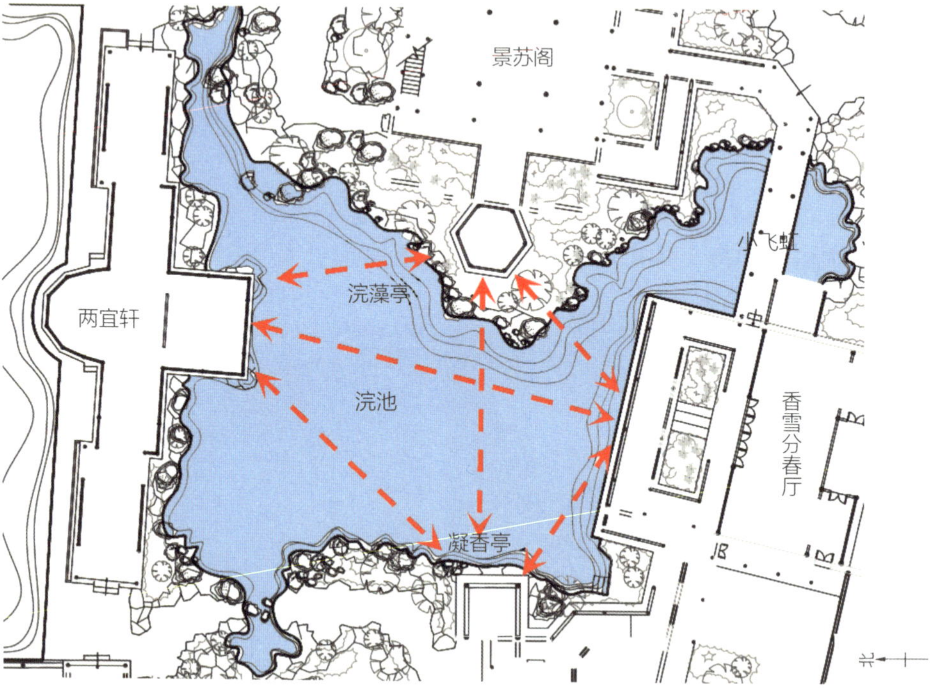

图 1-38　浙江杭州西湖郭庄内浣池周边的凝香亭、两宜轩、浣藻亭与香雪分春厅前回廊互为对景

6. 框景

框景是指有意识地设置框洞式结构，引导人们在特定的位置通过框洞赏景的造景手法（图 1–39、图 1–40）。

框景对游人很有吸引力，无论是观景还是摄影，都容易产生令人赏心悦目的艺术效果。可利用门框、窗框、树框、山洞等，有选择地摄取空间的优美景色，形成犹如嵌入镜框中的图画的效果。

图 1–39 江苏扬州瘦西湖钓鱼台门洞框取白塔与五亭桥

图 1–40 浙江杭州西湖郭庄香雪分春厅前回廊框景

7. 漏景

用花窗、漏窗、漏墙、隔扇、漏屏风、栅栏以及疏朗的树干枝杈等来摄取风景画面，这种透过虚隔物看到景致的造景手法便是漏景（图 1–41、图 1–42），又叫“泄景”。

漏景是从框景发展而来。框景景色可以全观，漏景则若隐若现、含蓄雅致。景物的透漏易于勾起游人寻幽探景的兴致与愿望，而透漏的景致本身又有一种似实而虚、似虚而实的朦胧美。

图 1–41　江苏苏州拙政园花窗漏景

图 1–42　上海豫园花窗漏景

8. 借景

借景是指借取园外的风景供园内远望，或使园内各风景点互相衬托、融为一体的造景手法（图 1–43、图 1–44）。在视野能及的范围内，可将不属于园内的优美景色组织到观赏视线中，增加景色的丰富性。

借景可以分为近借（借近处景观）、远借（借远处景观）、仰借（借高处景观）、俯借（借低处景观）、应时借（借天象景观）五种。

借景内容包括：借山水、动植物等自然景观；借建筑物、构筑物、小品等人工景观；借日月、云霞等天象景观。

图 1-43　江苏苏州拙政园借景北寺塔

图 1-44　浙江杭州西湖借晚霞增添朦胧色彩

第二章
园林山石景观营造

中国幅员辽阔，江山秀丽，天然奇峰异石数不胜数。古代造园匠师巧妙地将山石置于园林中来增强观赏性。大小不一的假山和置石，似乎将各地的山峦景观浓缩、提炼过一般，它们有的高峻、有的幽深、有的空灵、有的浑厚，以丰富的艺术感染力，给中国古典园林增添了不少山林情趣。

中国古典园林艺术以自然写意山水园的独特风格而著称于世。园林中的山，既有真山，也有假山。承德避暑山庄、杭州西湖孤山上的西泠印社，即为真山园林的代表；而绝大多数古典园林中的山是假山，人工造山在中国传统造园中占有十分重要的地位。

第一节 园林山石景观营造艺术

一、园林山石景观分类

1. 根据材料搭配的不同分类

假山的堆叠一般用土、石两种材料，因所用土、石比例的不同，假山可分为土山、石山、土石山三种类型。一般遵循“大山用土，小山用石”的原则。

假山是从土山开始，逐步发展到叠石为山的。

园林中的假山是模仿真山创造的风景，而真山之所以值得模仿，正是因为它具有林泉丘壑之美，能愉悦身心。如果假山全部用石叠成，不生草木，即使堆得巍峨嶙峋，也总会让人觉得有骨无肉、干枯无味。况且叠山有一定局限性，不能过高过大。占地面积越大，石山越不适宜，因此“大山用土”的原则在今天尤其值得重视。

庭园中点缀小景，由于在小范围内不适合堆土为山，因此更宜用石，即“小山用石”。如此可充分发挥堆叠的技巧，使它变化多端、耐人寻味。园林中的置石可分为孤赏石（单块峰石，图 2–1）、散点石（三五成群组合，图 2–2）、峭壁石（山石与墙面结合，图 2–3）、驳岸石（山石作为驳岸，图 2–4）等类型。

图 2-1 孤赏石（浙江杭州西湖绉云峰）

图 2-2 散点石（江苏苏州狮子林）

图 2-3 峭壁石（浙江杭州胡雪岩旧居）

图 2-4 驳岸石（浙江南浔嘉业堂藏书楼）

当然，这两个原则都不是绝对的。明末清初造园家李渔在谈到“大山用土”时也提到用石，在提到“小山用石”时也提到用土，不过一个是以土为主，另一个是以石为主（图 2-5）。总的精神是土石不能相离，主要便于绿化。这些见解对今天的假山营造仍然具有指导意义。

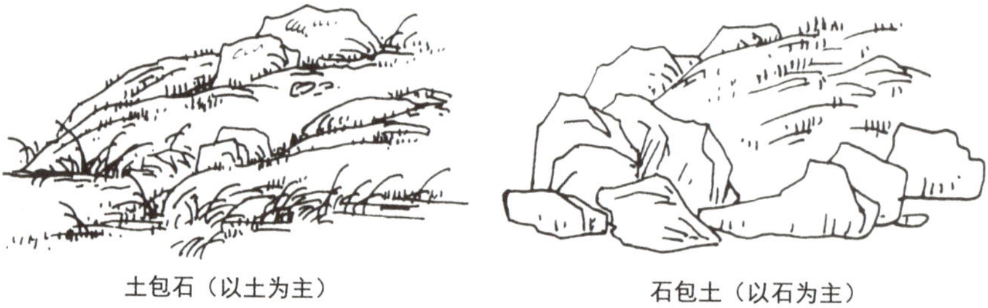

图 2-5 假山营造中土与石的关系

2. 根据材料产地的不同分类

中国古典园林中的石材，根据产地的不同，主要有太湖石（也称为“湖石”）、房山石、黄石、青石、英石、灵璧石、宣石、笋石（表 2-1、图 2-6），以及其他石品，如木化石、松皮石、石珊瑚、黄蜡石和石蛋等。

表 2-1 中国古典园林主要石品及其特征

种类	产地	颜色	质地特征
太湖石	太湖一带	多为灰色，也有白色、黑色	经过溶蚀的石灰岩
房山石	北京房山一带	为红色山土所渍满	砾石
黄石	江苏常州、苏州、镇江等地	黄褐色、赭色	细砂岩
青石	北京西郊红山口一带	青色	细砂岩
英石	广东英德	黑色、青灰色，有的间有白纹	石灰岩
灵璧石	安徽宿州灵璧	灰黑色、浅灰色、赭绿色等，带有纹路	玉石类的变质岩
宣石	安徽宣城宁国	色如积雪覆于灰色石上	石英岩
笋石	产地颇广	灰色系	竹笋状灰岩

太湖石

房山石

黄石

青石

英石

灵璧石

宣石

笋石

图 2-6 中国古典园林主要石品

二、园林山石景观艺术特色

如果说，西方的园林审美情趣偏爱在静态的几何形式中体现出来的数的和谐与统一性，是一种整齐而了然的美；那么，中国的造园则力求打破形式上的和谐与统一性，更青睐自然的多姿多态，追求一种不和谐的审美意趣。这一点，在选择山石的标准上，表现得特别明显。

因而，有人把千姿百态的奇石比作“中国式的抽象雕塑”。它们或孑然一身，孤峰独立，婀娜秀美；或聚众造型，高低参差，如云似浪；或堆砌成山，巍峨嶙峋，气势磅礴。人们从抽象的山石艺术中看到了大自然的造化，不仅增添了生活情趣，而且陶冶了人的情操，诚如古人所说：“非独友石，友其德也。”

1. 因材制宜，造山得体

假山叠石最常用的石质材料是太湖石、黄石、英石三种，不同的石材可以构建不同的山石景观。在堆叠假山时，应注意不同石材的颜色、形态、硬度等物理属性，扬其所长，避其所短，尽力做到“因材施用”。

（1）太湖石

太湖石是产自太湖水底中的石灰岩，由于长期经受波涛冲击与溶蚀，石头被穿透成孔穴或未透而成涡洞，以致形态各异。太湖石往往柔曲圆润、玲珑多窍、纹理纵横、涡洞相套，具有“瘦、皱、漏、透”和“清、丑、顽、拙”的特点，是石材中的珍贵品种。

“瘦”指石峰苗条挺拔、棱角分明；“皱”指石身的起伏不平和明暗变化；“漏”指石身孔穴上下相通、脉络连贯；“透”指石身玲珑多孔，能透过光线。这四个方面是从具体形象来评判石峰的标准。

而“清、丑、顽、拙”这四个字则是对石峰整体气势的品评。其中“清”指具有阴柔秀丽之美，“丑”指富有奇特华丽感，“顽”指坚实浑厚的阳刚美，“拙”指富有质朴之感。

早在唐代，白居易就曾评论道：“石有族聚，太湖为甲。”小的太湖石往往用来点石成景；大的太湖石则常用来独石构峰，并被视为镇园之宝。比如江苏苏州留园的冠云、瑞云、岫（xiù）云三峰（图 2–7），以及江苏扬州个园的夏山（图 2–8）等。

图 2-7　江苏苏州留园太湖石冠云峰（左图）、瑞云峰（右上图）、岫云峰（右下图）

图 2-8　江苏扬州个园太湖石夏山

（2）黄石

黄石是一种黄褐色或赭色的细砂岩，经山洪或河水冲刷而成。表面十分光滑，呈醒目的颜色，并显露油脂状或蜡状光泽，给人以柔和舒适的美感。

这类石质缺乏太湖石那种“瘦、皱、漏、透”的特点，故不宜用作点石成景和独石构峰，只宜于堆叠山峦。如果堆叠得巧妙，往往气度恢宏，犹如北方巍峨的崇山峻岭，令人神思邈远。例如上海豫园的黄石大假山（图 2–9）和江苏扬州个园的秋山（图 2–10），后者还利用黄石的颜色创造出秋季独具的季节特色。

图 2-9 上海豫园黄石大假山

图 2-10　江苏扬州个园黄石秋山

（3）英石

英石，产于广东英德的英山，由于长期的风化淋滤作用，局部遭受侵蚀溶解，充满沟、孔、洞，具有“瘦、皱、漏、透”的特点，是很好的假山、置石原料。

北京故宫的御花园中，保存了 27 块英石。岭南四大名园——广东顺德清晖园（图 2-11）、广东番禺余荫山房（图 2-12）、广东东莞可园、广东佛山梁园都主要以英石造景。此外，浙江杭州西湖的绉云峰所用石材也是英石。

图 2-11　广东顺德清晖园英石假山

图 2-12　广东番禺余荫山房英石假山

此外，用作园林假山造型的石料还有采自石灰岩溶洞中的钟乳石、由绿色火山凝灰岩构成的笋石，以及由乳白色块状石英脉组成的洁白似雪的宣石。江苏扬州个园利用笋石似笋的形象，堆叠出体现春季“雨后春笋”特色的春山（图 2-13）；利用宣石的颜色特点，堆叠出体现冬季“皑皑白雪”特色的冬山（图 2-14）。两者是运用不同石质堆叠不同意境假山的成功范例。

图 2-13　江苏扬州个园笋石春山

图 2-14　江苏扬州个园宣石冬山

2. 诗情画意，移步换景

北宋画家郭熙在《林泉高致·山水训》中提出：“世之笃论，谓山水有可行者，有可望者，有可游者，有可居者。画凡至此，皆入妙品。”也就是说，好的山水画要做到可行、可望、可游、可居的“四可”之境。

园林可说是立体的画，因而园林中的假山更应创造出可行、可望、可游、可居等多种功能。

“可行”是说，在叠石之间设置磴道，山腰之间建造山洞，盘道逶迤，山洞宛转，游人可以漫步其间。

“可望”是指山势险峻，有“三远”的观赏效果（图 2-15）：“自山下而仰山巅谓之‘高远’，自山前而窥山后谓之‘深远’，自近山而望远山谓之‘平远’。”（北宋郭熙《林泉高致·山水训》）

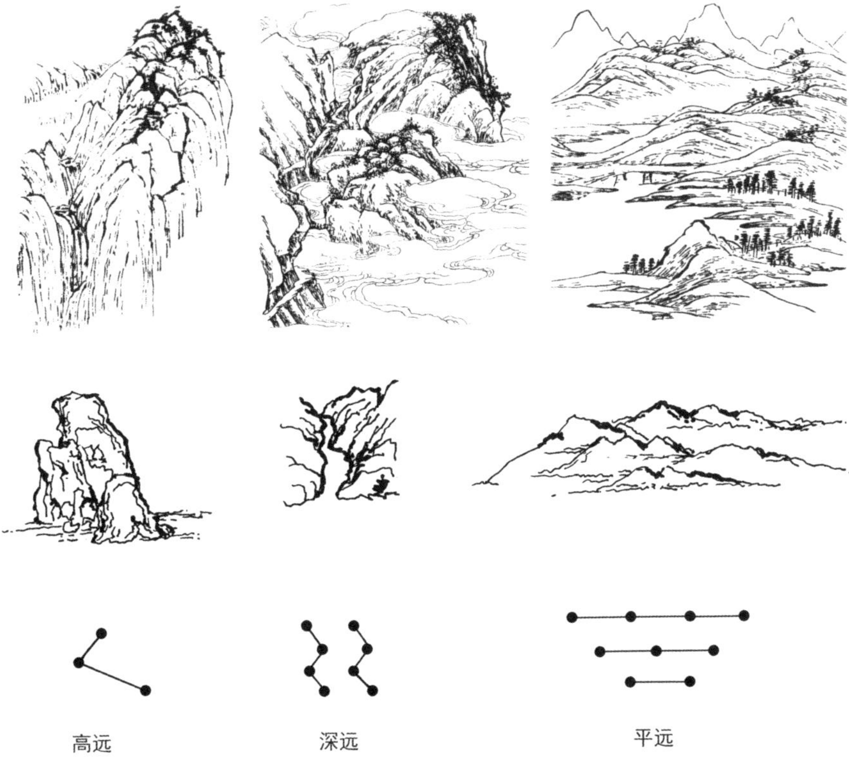

图 2-15 山之“三远”模式

“可游”的意思是，如果园林假山构建得可以随距离、方向、季节和气象的不同而产生不同的观赏效果，就经得起人们反反复复的游赏而不会致人厌烦。

“可居”是指山景与馆舍相结合，令人对景象产生“山居”的联想，游人置身其间，可以感受到山水林泉的自然情趣。

例如，浙江杭州胡雪岩旧居的掇山叠石便为一绝（图 2–16）。旧居内怪石嶙峋，几乎每个院落都有假山置石，形式多种多样，其中芝园的大假山有“擘飞来峰之一支，似狮子林之缩本”的美称，是可行、可望、可游、可居的范例。

芝园的大假山（图 2–17）仿照灵隐飞来峰之意象，用太湖石堆叠而成，是目前国内最大的人工假山溶洞。假山高逾 16 m，上有三座楼阁，下有悬碧、皱青、滴翠、颦黛四个溶洞（图 2–18），其风格分别与太湖石的“瘦、皱、漏、透”四大特点相吻合。

在这四个溶洞中，悬碧洞最大，高约 10 m，宽约 6.7 m，洞顶还有一个小洞，恰似一线天。洞中水池有一半是露天的，清澈的水则从山上流下。而滴翠洞的西

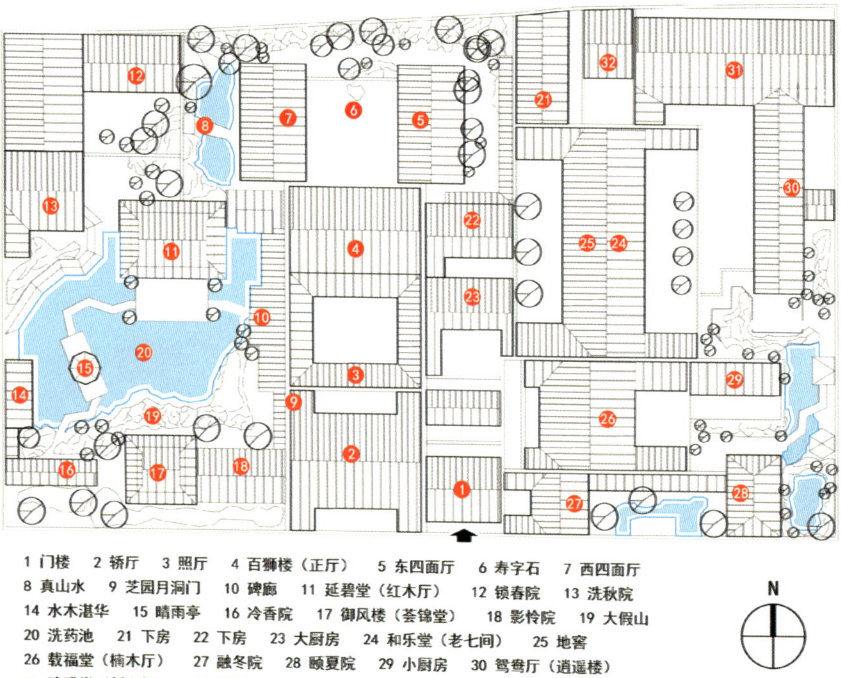

图 2–16　浙江杭州胡雪岩旧居平面图（其中“19”即芝园的大假山）

侧设有洞口和小径，小径与水池相接处用太湖石叠出三级蹬道。夏天炎热时，可从此处走下冲凉、嬉水。

假山内有洞穴通道，弯弯曲曲，好似岩石铺就的长廊。四洞各有特色，相互连通，卵石铺地，曲径通幽（图 2–19）。洞内不仅凿有炼丹井和洗药池，洞壁上还嵌有明清书法名家董其昌、郑板桥等人的题刻和石碑 31 块，为整个园林增添了几许文雅、苍古的气息。

图 2–17　芝园大假山

图 2–18　芝园大假山上的四个溶洞

图 2-19　溶洞内四通八达

3. 片山有致，寸石生情

“一峰则太华千寻，一勺则江湖万里”，意即在不太大的空间范围内，能再现典型的自然山水之美，而又不落人工斧凿的痕迹。这是我国叠山艺术的重要特征。尤其是我国江南地区的私家园林，在方寸之间突破空间的局限性，创作了“咫尺山林，多方胜景”的园林艺术。堆石为山，叠石为峰，陡峭者取黄山之势（图 2-20），玲珑者取桂林山水之秀（图 2-21）。

咫尺山林“妙在于小”，而又能“小中见大”。这就要求掌握尺度比例，在一定面积内布置得体，达到“山翠万重当槛出，水华千里抱城来”的意境，使人虽在小天地，却有置身于大自然的感觉。

例如，江苏“苏州四大名园”之一的狮子林（图 2-22），因园内石峰林立，多形似狮子，故名“狮子林”；又因园中拥有全国最大的古代假山群，素有“假山王国”的美誉。

狮子林假山（图 2-23）内外上下盘旋曲折，穿洞越谷，宛入迷宫，咫尺之间，可望而不可即，只有循山路而行，才可出洞。仰观满目叠嶂，俯视四面坡壑，令人如入深山峻岭，恍惚迷离。

图 2-20　黄山天下奇（安徽）

图 2-21　桂林山水甲天下（广西）

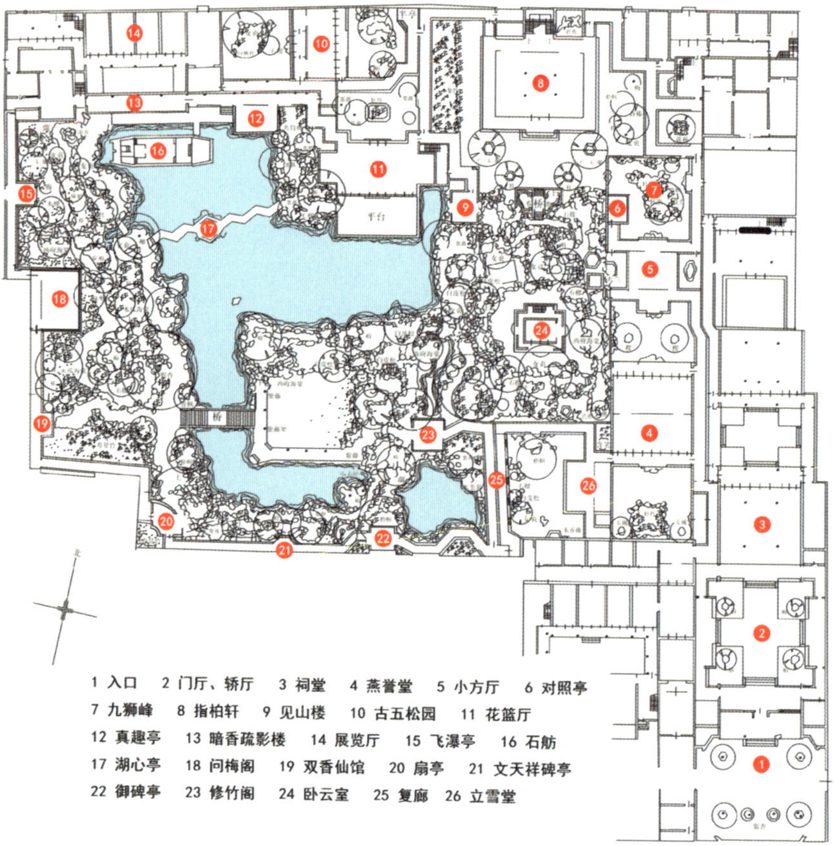

图 2-22　江苏苏州狮子林平面图

图 2-23　江苏苏州狮子林假山

4. 师法自然，做假成真

以自然真山的意境来堆筑人工假山，让人工假山极像自然真山，这是明代著名造园家计成对叠山艺术的最高要求。他在《园冶》一书中，将叠山的原则总结为“有真为假，做假成真”八个字。

怎样才能做到“有真为假，做假成真”呢？民国时期园艺家汪星伯在其《假山》一文中就提出了“十要”“二宜”“四不可”“六忌”等叠山理论，值得参考。

（1）“十要”

第一，要有宾主（图 2–24）。一座园林只能有一个主山，其余部分的体积和高度绝不能超过主山；一座山只能有一个主峰，其他山峰不能超过主峰，高低大小都不能一样，也不能对称。

图 2–24 清代王概等《芥子园画谱》中的“宾主朝揖法”两式

第二，要有层次。一是前后层次，用来表现深远；二是上下层次，用来表现高峻。群山要有层次，一座山的本身也要有层次，体积和范围越大，层次越多。只要竖立一块以上的峰石，便要遵循此道。

第三，要有起伏（图 2–25）。一座山从山麓到山顶，绝不能直线上升，而是要波浪式地由低而高、由高而低，这是本身的小起伏；山与山之间有宾有主、有支有脉，这是全局的大起伏。

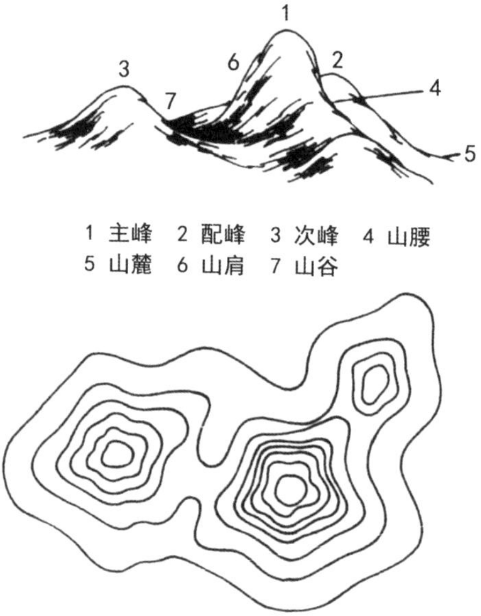

图 2-25 起伏的山形

第四，要有曲折（图 2-26）。起脚必须弯环曲折，有山回路转之势，以便处处设景，须与层次起伏相结合。

图 2-26 清代王概等《芥子园画谱》中的“山坡路径法”两式

第五，要有凹凸。凹凸主要适用于石山。凡叠山，不论岗峦、岩洞、溪涧、池岸，都必须有凹有凸，才能显出突兀之势。但要避免规则化，以致失去自然之趣。

第六，要有呼应。堂前堂后、池北池南，或左或右、或大或小，此呼彼应，布置随宜。

第七，要有疏密。疏密，就是集中与分散。在一个园林中，不论是群山还是小景，都应有疏有密，过于集中或过于分散都不适当。

第八，要有轻重。叠山用石，须有适当的数量，过多则臃肿不灵，显得笨重；过少则单薄寡味，又嫌太轻。此外，轻与重之间还须相互调协，不宜过于悬殊。

第九，要有虚实。四面环山，中有余地，则四山为实，中地为虚；重山之间必有层次，层次之间必有距离，则山体为实，距离为虚；一山之中有岗峦洞壑，则岗峦为实，洞壑为虚；靠壁为山，以壁为纸，以石为绘，则有石处为实，无石处为虚。假山不论大小，必须虚实互用，方为得体。

第十，要有顾盼（图 2-27）。一是宾主之间，峰峦的向背俯仰必须互相照应，气脉相通；二是层次之间，必须彼此避让，前不掩后、高不掩低。

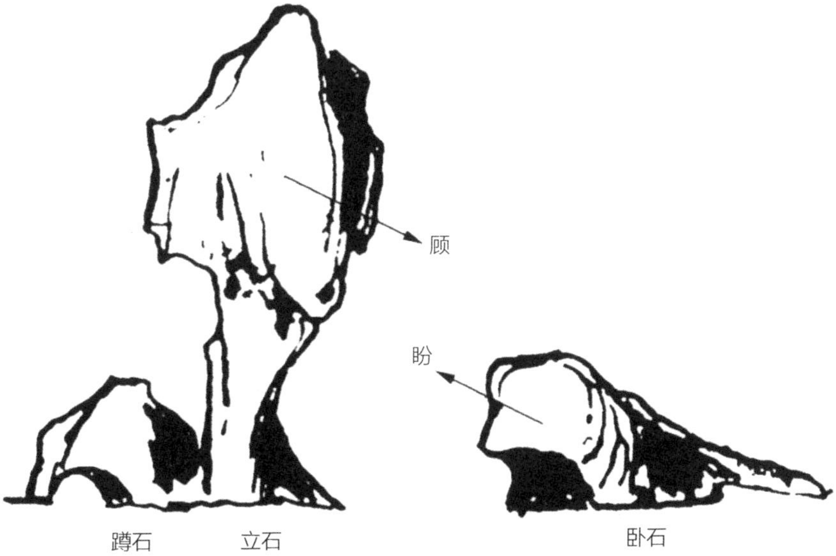

图 2-27　山石的顾盼关系

（2）“二宜”

第一，造型宜有朴素自然之趣，不宜矫揉造作、故意弄巧。比如叠成“十二生肖”“虎豹狮象”“骆驼峰”“牛吃蟹”等，便有刻意之嫌，失去了创造自然景观之趣的本意。

第二，手法宜简洁明了，不宜过于烦琐或拖泥带水、交代不清。要做好这一点，便依赖事先的充分考虑和熟练的技术经验。

（3）“四不可”

第一，石不可杂。石的品种众多，色泽纹理各具特征，不可以混杂使用，以免降低艺术趣味，影响风格。

第二，纹不可乱。同一品种的石纹，有明显的粗细、疏密区别，必须取相同或近似之纹放在一处，使其互相协调，并且与石性相一致，不可颠倒杂乱（图2–28）。

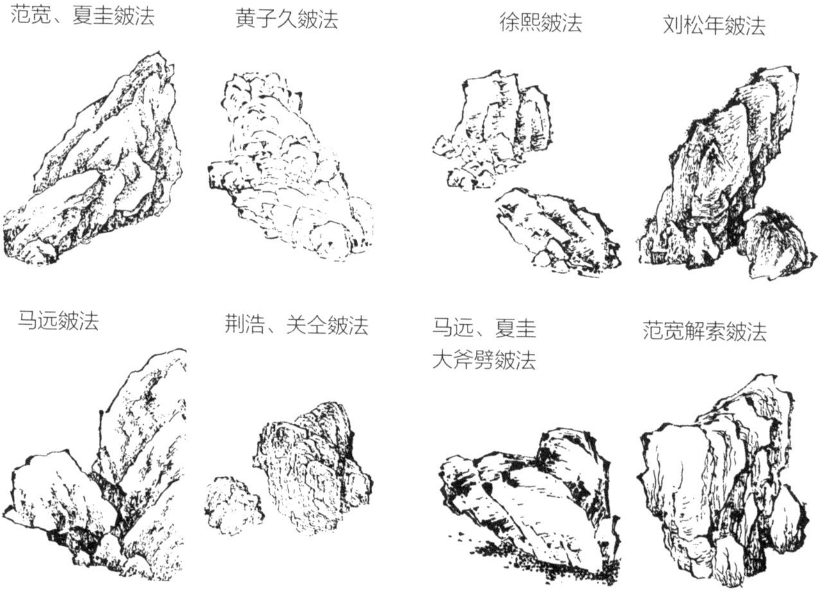

图2–28　清代王概等《芥子园画谱》中的“历代名画家画石皴法”（部分），这是叠山时纹理贯通的重要依据

第三，块不可匀。叠石时选择的石块必须有大有小、有高有低，交错使用，方显生动自然，不可匀称，以免呆板。

第四，缝不可多。石以大块为主，小块为辅，大块多则缝少，小块多则缝多。手法务求简练，简练则刹垫石片（刹垫是指用小石片将山石底部垫起来，使山石保持平稳的方法）少，片少则缝亦少。

（4）“六忌”

第一，忌如香炉蜡烛。忌三峰并列在一条线上，中间低两边高，形同案前的香炉蜡烛。

第二，忌如笔架花瓶。忌一峰居中直立，左右排列两峰，形同笔架；上小下大，颈细腹粗，形同花瓶。

第三，忌如刀山剑树。忌排列成行，形如锯齿，顶尖缝直，形同刀山剑树。

第四，忌如铜墙铁壁。忌缝多口平，满拓灰浆，呆板无味，寸草不生，如铜墙铁壁一般。

第五，忌如城郭堡垒。忌顽石一堆，整齐划一，既无曲折，又少层次，形似城郭堡垒。

第六，忌如鼠穴蚁垤（dié）。忌叠床架屋，奇形怪状，大洞小眼，百孔千疮，形似鼠穴蚁垤。

可见，叠石就是将真山中的某些特点、景象通过提炼、加工，创造出新的景观艺术的过程。受环境空间、块石大小与重量的局限，不可能像画家在纸上那样群山万壑地尽情挥洒。在叠山的过程中要做到“十要”“二宜”，谨记“四不可”“六忌”，并且必须对叠山的工艺流程、施工技法有充分的了解，才能做出可观的山形（图2-29）。

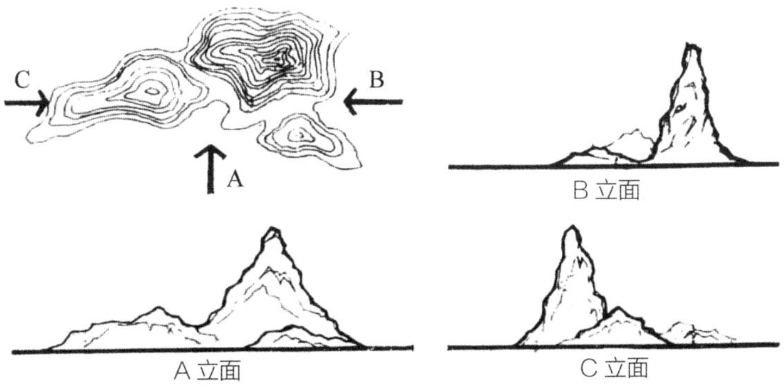

图2-29　有主宾、有层次、有起伏的假山，山形四面可观

第二节 园林山石景观营造技法

一、园林山石景观营造流程

用自然山石掇成假山的工艺流程，大致包括选石、采运、相石、立基、拉底、堆叠中层、结顶等工序。

1. 选石

选石的常用石品有太湖石、黄石、英石、卵石、笋石等，追求具有“漏、透、皱、瘦”和“清、丑、顽、拙”特点的石材，以方正端庄、圆润浑厚、峭立挺拔、纹理奇特、形象仿生的天然石种为佳（图 2–30、图 2–31）。明代造园家计成提出了“是石堪堆，遍山可采”和“近无图远”的主张，提倡就地取材、突出地方特色。除了就近取材，还可以利用废旧园林的古石、名石。这些石材不仅品质好，而且可以节省资金，还能避免各地叠山千篇一律的弊病。

图 2–30　江南名石——上海豫园玉玲珑

图 2-31　江南名石——江苏苏州第十中学瑞云峰

2. 采运

石头的采运包括采集和运输两个过程。在古代，采石的方法多种多样，既可以从废旧园林中搬取，也可以潜入水下凿取，或者从土中挖取等。石头的运输方式根据其位置的不同而不同，水中的用浮舟扒杆，地上的用人力地龙或者绞车索道，冬天还可以用雪橇冰道等方法。在运输时，为了不损坏奇石的外形，常采用泥团、扎草、夹杠、冰球等方法加以保护，而且需要单件装卸、单层平放，以避免损伤石面形状。

3. 相石

相石，也叫“读石”“品石”。从石头的质地、纹路等微观结构来看，多块石头之间有一种整体的走向和趋势。就像海中波浪起伏时会形成波浪线，多块石头之间，也以“脉”相通，通而不散、气势连贯。如果几块石头只是拼在一起，彼此间没有“脉”相通，就是散的，会显得杂乱无章。在园林置石中，想要做到让石头间有“脉”相通，需要多年的实践经验和细心的观察。

4. 立基

立基，即奠立基础。基础深度取决于假山的高度和土基状况，一般基础表面高度应在土表或常水位线以下 30 ~ 50 cm。基础常采用四种方式。一是桩基，用于湖泥沙地。木桩多选用松木桩或杉木桩，木桩顶面的直径为 10 ~ 15 cm，平面布置按梅花形排列。二是石基，多用于较好的土基。石头之间用块石嵌紧，用条石压顶，条石上面才是自然形态的山石。三是灰土基，用于干燥地区。灰土基础的宽度应比假山底面宽度多 0.5 m 左右，以保证假山的重力沿压力分布的方向均匀地传递到素土层。四是钢筋混凝土基，多用于流动水域或不均匀土基。其所选用的混凝土需要根据山体的高度、体积、质量和土层的具体情况而定。

5. 拉底

拉底，又称“起脚”，就是在假山的基础上叠置最底层的自然假山石，选用顽夯的大块山石拉底，具有坚实耐压、永久不坏的作用。同时，因为这层山石大部分在地面以下，小部分露出地表，而假山的空间变化却都立足于这一层，所以古代叠山匠师们把拉底看作是叠山之本。

6. 堆叠中层

中层，是指底层以上、顶层以下的大部分山体。这一部分是叠山工程的主体，叠山的造型手法与工程措施的巧妙结合主要表现在这一步（图 2–32 ~ 图 2–34）。古代匠师把叠山归纳为“三十字诀”，即“安连接斗挎（跨）、拼悬卡剑垂、挑飘飞戗挂、钉担钩榫扎、填补缝垫杀、搭靠转换压”。主要叠石造型手法的具体内容，将在后文详细论述。

7. 结顶

结顶，又称“收顶”，是假山最上层轮廓和峰石的布局。由于山顶是显示山势和神韵的主要部分，也是决定整座假山重心和造型的主要部分，因此至关重要，它被认为是整座假山的“灵魂”。结顶一般分为峰、峦和顶三种类型，山头尖的叫“峰”，圆的叫“峦”，平坦的则叫“顶”。结顶需选用丰满的石料，或单或双，或拼或群。石体要顺应山势，但立点必须求实避虚，要主、次、宾、配分明，彼

图 2-32　江苏南京瞻园仙人峰

图 2-33　浙江嘉兴绮园美人照镜石

图 2-34　浙江南浔嘉业堂藏书楼啸石

此有别，前后错落有致。总之，结顶要掌握山体的总体效果，与假山的山势、走向、体量、纹理等相协调，处理要有变化，收头要完整。

二、园林山石景观造型手法

假山虽有峰、峦、洞、壑等各种组合单元的变化，但就山石彼此结合而言，可以概括为二十余种基本形式。其中就包含“十字诀”（即“三十字诀”的前十字），此外还有“挑、飘、戗”等手法。江南一带则有“九字诀”：“叠、竖、垫、拼、挑、压、钩、挂、撑”。两相比较，有些字相同，有些字虽不同，但含义相同。可见我国南北匠师同出一源、一脉相承，从历史发展来看，大致是从江南流传至北方，并互有交流。本书重点介绍十二种手法（图 2–35）。

1. 安

安就是把山石架空放置。安石强调安稳，有单安、双安和三安之分（图 2–36）：单安就是把山石放在一块支承石上，双安是以两块分离的支承石为脚放置山石的形式，三安则是将山石平放在三块分离的支承石上。

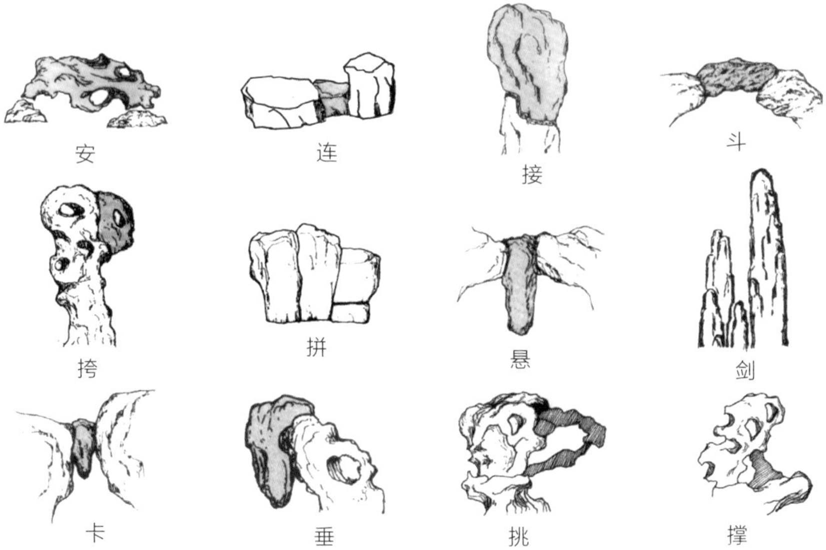

图 2-35　山石景观造型常用手法

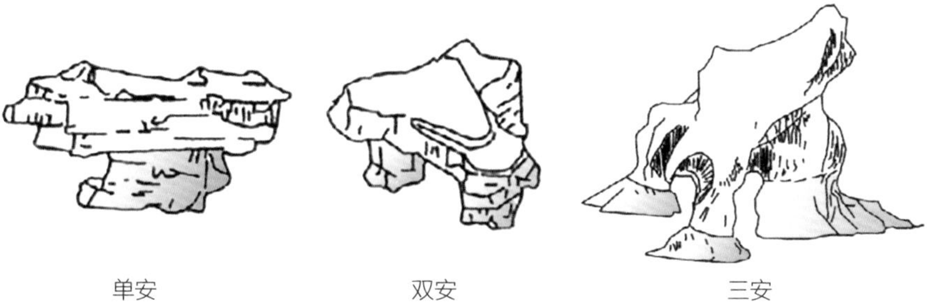

图 2-36　安的类型

安石强调“巧安”，即原本这些山石不具备特殊的形体变化，经过安石后可巧妙形成富有石形变化的组合体。也就是《园冶》中所谓的“玲珑安巧”之意。

苏州的假山营造师将三安视为布局、取势和构图的要领，认为三安是将山的组合划分为主、次、配三部分，每座山及其局部亦可依次分为三部分，直至单块石头。三安既着眼于远观的总体效果，又顾及每个局部的近赏效果，使之具有典型的自然变化。三安技术也可以用来设置花园的石桌、石凳。

2. 连

连，即山石之间水平方向的衔接。连石要求从假山的空间形象和组合单元来安排，连接时要符合皴纹分布的规律，也要注意棱角、形状，以及位置高低、缝隙宽窄是否合适，从而产生前后左右的参差、错落变化。

3. 接

接，即山石之间的竖向衔接。接石既要善于利用天然山石的茬口，又要善于补救茬口不够吻合之处，最宜上下茬口互咬，但不应破坏山石的美感。接石要根据山体部位的主次依皴结合，通常是竖纹和竖纹相接、横纹和横纹相接。但有时也可竖纹接横纹，这样山石之间便可形成既统一又有对比衬托的效果。

4. 斗

置石向上成拱状，两端架于两石之间，腾空而起，称为“斗”。斗石仿佛自然岩石之环洞，或下层崩落形成的孔洞。北京故宫乾隆花园东部偏北的石山（图2-37）上，明显可以见到此种模拟自然的结体关系，一条山石蹬道从架空的谷间穿过，为游览增添了不少奇险之趣。

图 2-37　北京故宫乾隆花园假山

5. 挎

如果山石某一侧面过于平滞，可在旁边挂一块石头以全其美，这便是“挎”。挎石可利用茬口咬压或上层镇压来稳定，必要时可加钢丝绕定。钢丝需藏于山石的凹纹中，或用其他方法加以掩饰。

6. 拼

若空间较大，石材较小，单独安置显得零碎，可将数块或数十块山石拼凑，形成整块山石的形象，这种手法称为“拼”。例如江苏南京莫愁湖庭院中有两处拼峰特置（图 2-38），上大下小，有飞舞之势，俨然一块完整的峰石，但实际上是由数十块零碎的山石拼缀而成的。如果在缺少完整石材的地方需特置峰石，也可采用拼峰的办法。

图 2-38　江苏南京莫愁湖庭院置石

7. 悬

在下层山石内倾并环拱而成的竖向洞口下，插进一块上大下小的长条形山石，由于上端被洞口扣住，下端便可倒悬当空，这种手法称为“悬”，多用于太湖石类山石模仿自然钟乳石的景观。黄石和青石也可运用此法，但在选材和做法上有别于太湖石，因为它们模拟的对象是竖纹分布的岩层经风化后的部分沿节理面（结构面；在地质作用下，岩石发生破裂，但破裂面两侧没有发生明显的位移，此破裂处便被称为“节理”）脱落而剩下的倒悬石体。

8. 剑

剑，即让竖长的自然山石直立如剑的做法。该做法做出的石形峭拔挺立，仿佛有刺破青天之势，既可以塑造雄伟昂然的景象，也可以形成小巧秀丽的景象（图

图 2-39　北京故宫乾隆花园（左图）与浙江南浔小莲庄（右图）的立剑置石

2–39）。因境出景，因石制宜。多使用各种石笋或其他竖长的山石，北京西郊所产的青云片亦可立剑。作为特置的剑石，其下部需有足够的长度，以保证稳定。一般石笋或立剑都宜形成独立画面，不宜混杂于其他山石之中，否则显得极不自然。就造型而言，立剑应避免“排如炉烛花瓶，列似刀山剑树”（《园冶》），最忌形成“山、川、小”的形态。

9. 卡

两块山石对峙，上方形成上大下小的楔口，在楔口中插入上大下小的山石，这样正好稳稳地卡在楔口中。比如承德避暑山庄烟雨楼侧面的峭壁山（图 2–40），便以卡的手法形成了峭壁山顶，结构稳定，外观自然。

10. 垂

从一块山石顶面偏侧部位的楔口处让另一块山石倒垂的做法，便称为“垂”。悬和垂极易混淆，只是两者结构上的受力关系不同。

图 2-40　河北承德避暑山庄烟雨楼侧面的峭壁山

11. 挑

挑，又称“出挑”，即上石借助下石支撑而挑伸于下石之外，并在内侧用数倍重力镇压的做法。假山中的环、岫、洞、飞梁，特别是悬崖，都属于这种结构形式。《园冶》中的“如理悬岩，起脚宜小，渐理渐大，及高，使其后坚能悬。斯理法，古来罕者，如悬一石，又悬一石，再之不能也。予以平衡法，将前悬分散后坚，仍以长条堑里石压之，能悬数尺，其状可骇，万无一失”这段话，阐明了挑的要领。

挑有单挑、双挑和重挑之分（图 2-41）。若挑头的轮廓线过于单调，可在上面接一块山石来弥补，这块石头便被称为“飘”。挑石每层出挑的长度相当于山石本身长度的 1/3。就现存园林作品而言，出挑最长的有 2 m 多。挑的要点是务求浑厚，忌单薄，往往挑出一面，方显自然，但应避免直线地单方向挑。而且，应巧安后坚的山石，使观者但见前悬而未见后坚用石。平衡重量时，应将挑出山石上站人的负重也加以考虑，使之“其状可骇”而“万无一失”。

图 2-41　挑的类型

12. 撑

撑，又称为“戗”，即用斜撑的力量来稳固山石。以选取合适的支撑点为要旨，使支撑后的山石在外观上形成脉络相连的整体。比如扬州个园的夏山洞，以撑的手法加固洞柱，并有余脉之势，不仅解决了结构和景观问题，还利用支撑山石组成的透洞进行采光，符合自然之理。

需要强调的是，上述结构方式都是从自然景观中归纳而来的。比如江苏苏州天平山（图 2-42）、江西上饶三清山的“万笏朝天”景观（图 2-43）即为“剑”所宗之本，江苏苏州大石山的“仙桥”（图 2-44）是“撑”的自然风貌，云南石林的“千钧一发”（图 2-45）是“卡”的自然景观。因此，不应将这些造型手法视为僵死的教条或公式，而要灵活运用、因地制宜，以免给人矫揉造作之感。

图 2-42　江苏苏州天平山

图 2-43　江西上饶三清山“万笏朝天”

图 2-44　江苏苏州大石山“仙桥”

图 2-45　云南昆明石林“千钧一发”

第三节 园林山石景观营造案例

在古人心中，山石是有灵性的，他们认为山石是天地精华的凝聚体。“石令人古”是中国传统赏石艺术的重要标准，意思是品石而得苍古之趣、臻永恒之境。其中“古”不是对古代的重视，而是指绵长的时间。以石为友，以石入室，无论古今，于外是生活方式的凭寄，于内是精神境界的追求。

一、江苏扬州片石山房山石景观

何园，原名“寄啸山庄”，坐落于江苏省扬州市徐凝门街66号，是清代后期扬州园林的代表作，为全国重点文物保护单位，国家AAAA级旅游景区。

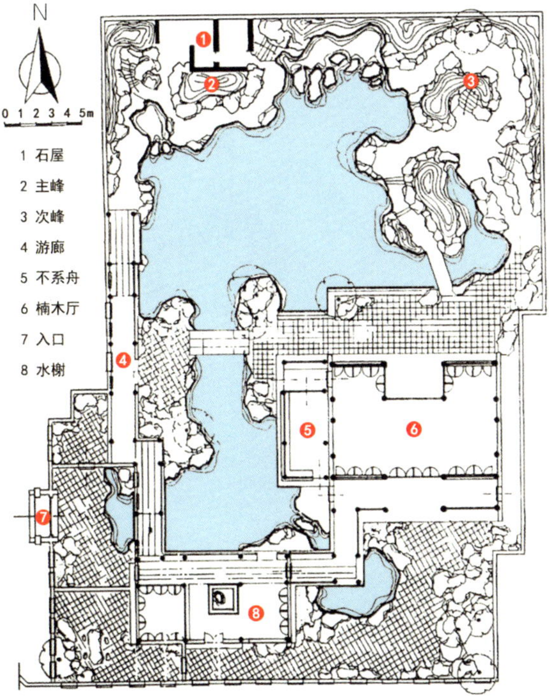

图 2-46　片石山房平面图

片石山房位于何园东南部，占地约1100 m^2，山环水抱、布局紧凑（图2-46）。其太湖石假山是明末清初书画巨匠、叠石大师石涛和尚亲手叠成，是绘画技法与造园艺术结合的经典作品，鬼斧神工，奇峭秀丽，被誉为“天下第一山”。著名学者余秋雨称：在中国造园史上，能让人仰望的就是何园的片石山房了。

片石山房北端倚墙叠山，山下为水池；水池西侧为游廊，南端有一座水榭，门楣、隔扇雕刻精致。室内分隔成三个相互独立又带有联系的空间，以“琴棋书画”为主题，内置棋盘、涌趵泉、琴台、书桌。

院内主体建筑是一座明代楠木厅（图 2-47），造型古朴典雅，是何园内年代最久的一幢建筑，距今已有 400 多年的历史，颇具研究、观赏价值。厅的西侧有一座船舱型建筑——“不系舟”，寓意平平稳稳、一帆风顺，坐在舟上可俯瞰鱼池。

北侧假山结构别具一格，采用下屋上峰的处理手法。主峰堆叠在两间砖砌的石屋之上，有东、西两条山道通向石屋，西道跨越溪流，东道穿过山洞可进入石屋。

山体环抱水池，主峰位于西北角，峻峭苍劲，次峰在东南转折处。两峰之间连冈断堑，彼此呼应，有奔腾跳跃的动势，颇得“山欲动而势长”的画理，也符合画山“左急右缓，切莫两翼”的布局原则，显出章法非凡的气度。由于整个山体均用小石块叠砌而成，故称“片石山房”。

图 2-47　片石山房楠木厅及其西侧不系舟

片石山房于 1989 年复修，门楣上的匾额是移用明末清初画家石涛的墨迹（图 2–48）。此园的设计以石涛画稿为蓝本，循自然之理，得自然之趣，表现了石涛《卓然庐图》的意境：“四边水色茫无际，别有寻思不在鱼。莫谓此中天地小，卷舒收放卓然庐。”

图 2-48　大门匾额移用石涛墨迹

园中假山丘壑（图 2–49）中的“水中月”（图 2–50）是一处奇观，光线可透过假山圆洞映射在水面上，每到夜晚，月印水面，波光粼粼，颇有趣味。

此外，片石山房还有一处月景，是一道月牙门（图 2–51），它的存在更增添了“水中月”的“月”味。

图 2-49　石涛堆叠的贴壁假山

图 2-50　片石山房的水中月

图 2-51　片石山房的月牙门

石涛（1642—1708 年），明末清初著名画家，既是绘画实践的探索者、革新者，又是艺术理论家，在中国绘画史上的地位十分重要。他在著作《苦瓜和尚画语录》中提出“一画说”，以老庄和禅宗思想来解释绘画，把绘画提升到哲学的高度。石涛的存世作品有《石涛罗汉百开册页》《搜尽奇峰打草稿图》（图 2-52）、《山水清音图》等。其山水画精妙而有意境，可为园林的建造提供灵感。

据主持片石山房重建的著名风景园林大师吴肇钊先生考证，片石山房假山的主峰（图 2-53），与石涛传世的《卓然庐图》（图 2-54）、《细雨虬松图》

图 2-52　清代石涛《搜尽奇峰打草稿图》

（图 2–55）等多幅山水画中的主峰颇为相似，很可能是画家先草草勾勒出峰峦的意境，然后造园者再依此叠石筑山，由此可以看出山水画和园林之间的“血缘”关系。片石山房布局章法的成功及假山景致的艺术感染力，与画家胸中罗列的天下奇峰，以及他几十年的艺术磨炼是分不开的。

图 2–53　片石山房主峰

图 2-54　清代石涛《卓然庐图》

图 2-55　清代石涛《细雨虬松图》

被尊称为“现代中国园林之父”的陈从周先生评析道：“片石山房的假山在选石上用过很大的工夫，将石之大小按纹理组合成山，运用了他自己画论上‘峰与皴合，皴自峰生’的道理，叠成‘一峰突起，连冈断堑，变幻顷刻，似续不续’的章法。因此，虽高峰深洞，了无斧凿之痕，而皴法的统一、虚实的对比、全局的紧凑，非深通画理又能与实践相结合者不能臻此。”而且“在叠山上复运用了岩壁的做法，不但增加了园林景物的深度，且可节约土地与用石。至其做法，则比苏州诸园来得玲珑精巧。”

片石山房假山作为石涛叠山的“人间孤本”，既是扬州园林叠山技术发展过程中的重要物证，又是石涛山水画创作的重要模型，有着极高的艺术价值。2013年5月，片石山房作为中国园林“教科书”，被原样复制到中国园林博物馆中。

二、江苏苏州环秀山庄山石景观

环秀山庄（图 2–56），位于江苏省苏州市姑苏区景德路 272 号。原为五代钱氏金谷园故址，几经易手，多次扩建，于清道光二十九年（1849 年）更名“环秀山庄”，又名“颐园”。

图 2–56　环秀山庄鸟瞰

环秀山庄庄园虽小，却极有气势(图2–57)。整体布局以假山为主，水池为辅，山水相依，并以假山堆叠奇巧著称（图2–58）。此太湖石假山由清代著名造园叠山大师戈裕良所作，逼真地模拟了自然山水，在逾300 m^2的空间内构造了谷溪、石梁、悬崖、绝壁、洞室、幽径，可谓是鬼斧神工、匠心独运，堪称“假山中的珍品”，被誉称“苏州三绝”之一（民国时期，李根源先生曾将清代苏州织造府衙署内的宋代花石纲遗物瑞云峰、拙政园明代文徵明手植紫藤与清代环秀山庄假山誉为“苏州三绝”）。

1988年1月13日，环秀山庄被列为第三批全国重点文物保护单位。1997年底，环秀山庄被联合国教科文组织遗产委员会列为世界文化遗产。

环秀山庄假山面积占全园的1/3，位置偏向庄园的东侧，是苏州园林各类假山中最有真实山水意境的一座。假山既有远山之姿，又有层次分明的山势肌理，峭壁、峰峦、洞壑、涧谷、平台等山中之物应有尽有。置身此山中，有身临真山水的感受。

假山分为前后两山，主峰突兀于东南，次峰拱揖于西北，池水缭绕于两山之间，有巨石磅礴的气势，也有一峰突起的神韵。其所用太湖石，大部分有涡洞，少数有皱纹。主峰高7.2 m，涧谷长12 m，山径长60 m。戈氏叠山运用大斧劈法，简练遒劲，结构严谨，错落有致，浑然天成，有“独步江南”之美誉。

在园子的西北处还有一座假山的余脉，这里就是颇有盛名的飞雪泉。此泉是苏州园林中一处著名活水，观赏此泉的最佳地点当数与边廊连接的问泉亭。园子东北角土坡上的“半潭秋水一房山”亭则是观赏后部假山的最佳位置。

戈裕良是清代中晚期杰出的造园叠山艺术家，江苏常州阳湖县人，生于乾隆中期。他一生造园叠山艺术的实践，主要是在嘉庆和道光年间。据说，戈裕良堆叠环秀山庄的假山时，是以苏州大石山为蓝本的。

大石山位于苏州高新区树山村，背靠阳山，危岩峻峰，环秀叠翠，远远望去，犹如挺立在阳山半山坡的一朵巨莲。大石山素有“独步江南，天然画本，尺幅千里”之誉，山中既有清泉、奇石、秀木等景观，还具有“幽、奇、险、古”的特色。自元明以来，大石山声名鹊起，吸引了众多文人墨客在此赋咏题刻，留下了大量珍贵的文化遗产。

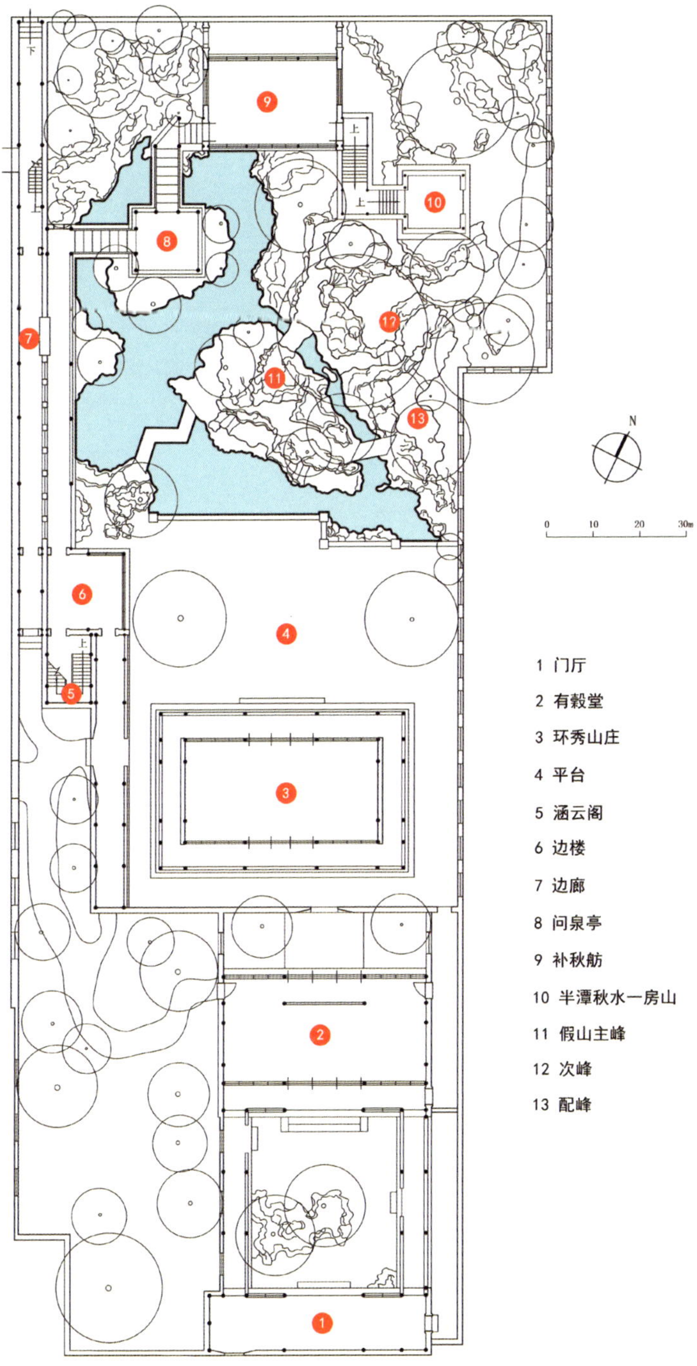

1 门厅
2 有穀堂
3 环秀山庄
4 平台
5 涵云阁
6 边楼
7 边廊
8 问泉亭
9 补秋舫
10 半潭秋水一房山
11 假山主峰
12 次峰
13 配峰

图 2-57 环秀山庄平面图

图 2-58　环秀山庄假山

第三章
园林水体景观营造

在中国古典园林中，将水景的设计与营造称为“理水”。也就是依据水的特性，对水的形态、状态（势态）作总体的布局和安排。

苏州曾有一座以水闻名的小园，叫“水哉轩”。清代文人尤侗在《水哉轩记》中曾对园林中水的洁净之能、虚灵之形、动观之态、水纹之美进行了概括，他是这样描述的：“当暑而澄，凝冰而冽，排沙驱尘，盖取诸洁；上浮天际，水隐灵居，窈冥恍惚，盖取诸虚；屑雨奔云，穿山越洞，铿訇（hōng）有声，盖取诸动；潮回汐转，澜合沦分，光彩滉漾，盖取诸文。”

这“洁、虚、动、文（即纹理之纹）”四字，就是对园林动静不同的水景美的高度概括。

第一节　园林水体景观营造艺术

一、园林水体景观分类

水是生命之源，也是园林营造的基本要素之一。自然界的水不但形态丰富多样，而且有不同的流动方式。中国园林中的水景，正是对自然界中各种形态水体的审美模拟和创造性表现。

园林水景根据其形态特征，可分为静水和动水。

1. 静水

（1）湖泊

湖泊是园林中面积最大的水体类型，外形自然灵动、曲折有致，往往具有平远、宽广甚至一望无际的视野。宽广的湖面易于舒展人的情怀，也易于组织景观，同时适于开展水上活动。中国著名的园林湖泊有浙江杭州西湖（图 3–1）、江苏扬州瘦西湖（图 3–2）、北京颐和园昆明湖等。

图 3–1　浙江杭州西湖

图 3-2　江苏扬州瘦西湖

（2）池沼

池沼比湖泊的面积小，又灵活多样，因此成为古典园林的重要水体类型。它往往具有平静清幽、灵巧可亲的特征。古典园林中的池沼可分为规则式和自然式两大类：前者多见于北方皇家园林和岭南园林，具有整齐均衡之美，外形常为几何形，如圆形、三角形、方形及其组合等；后者多见于江南园林，具有参差曲折之美。浙江杭州西湖郭庄（图 3–3）的水池即方池“镜池”和曲池“浣池”的结合。

（3）潭

潭是指较深的水坑。自然界的潭总与瀑、溪、泉相联系，具有奇丽的景观和诗一般的意境。潭自古以来以“龙”命名的居多，如龙潭、九龙潭、玉龙潭、五龙潭、黑龙潭等。我国著名的潭有北京玉渊潭（图 3–4）、安徽泾县桃花潭（图 3–5）、吉林长春净月潭、江西井冈山龙潭、台湾日月潭等。

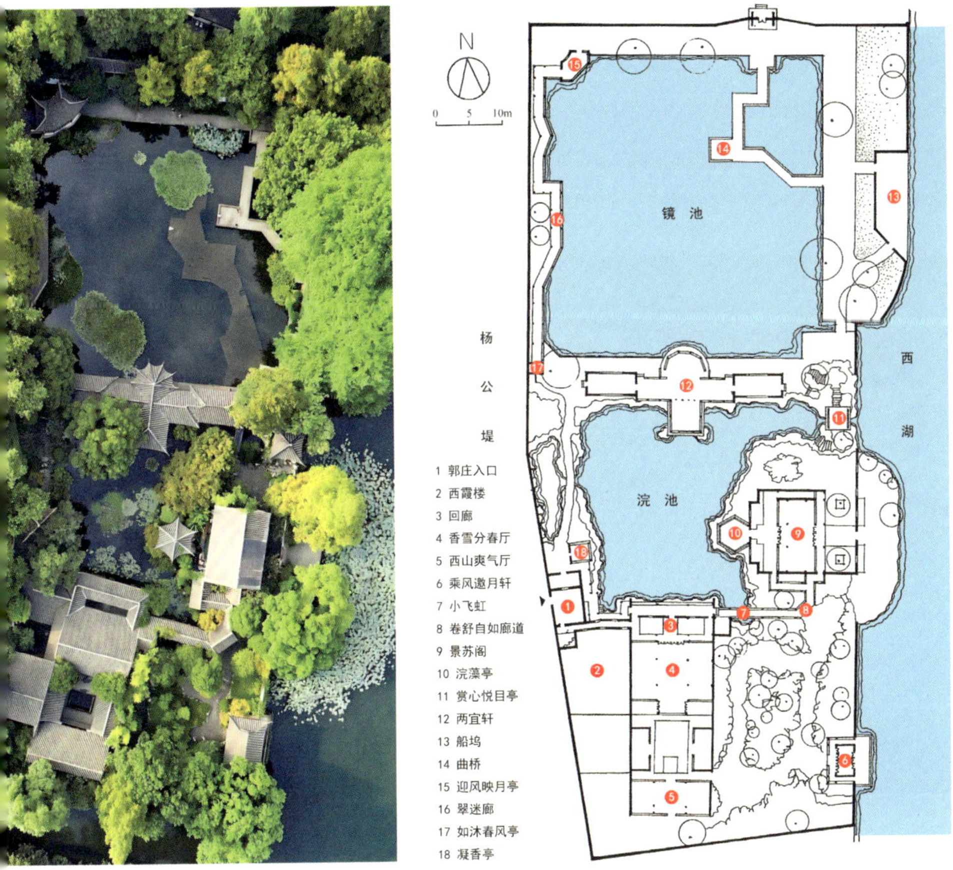

图 3-3 浙江杭州郭庄鸟瞰及平面图

图 3-4 北京玉渊潭

图 3-5 安徽泾县桃花潭

（4）井

井是指从地面往下挖成的能取水的深洞。历史上，关于井的传说故事有很多，比如杭州净慈寺的运木古井就与济公的民间故事有关。四川邛崃文君井（图 3–6）、湖北兴山昭君井、四川成都薛涛井、北京故宫珍妃井（图 3–7）、江西九江灌婴井，被誉为我国“古代五大名井”。

图 3–6　四川邛崃文君井

图 3–7　北京故宫珍妃井

2. 动水

（1）河流

河流水面如带，水流平缓，园林中常用狭长形的水池来表现动水，使景色富有变化感。河流可长可短、可直可弯，有宽有窄、有收有放。河流多用土岸，配置适当的植物，两旁可设临河的水榭等，局部用整形的条石驳岸和台阶。水上可划船，窄处架桥，从纵向看，能增加风景的幽深感和层次感。著名的园林河流如北京颐和园北部的苏州河（图 3–8）、北京故宫外围的筒子河（图 3–9）等。

图 3–8　北京颐和园北部的苏州河

图 3-9 北京故宫外围的筒子河

（2）溪涧

溪涧是泉瀑之水从山间流出的一种动态水景。溪涧宜多弯曲，以增加流程，显示出源远流长、绵延不尽之意。溪涧多用自然石岸，以砾石为底，水宜浅，比如浙江杭州的九溪十八涧（图 3–10）、江苏连云港的桃花涧（图 3–11）；有时河床中有石块突兀，流水冲刷会发出声音，比如江苏无锡寄畅园的八音涧。

图 3-10 浙江杭州九溪十八涧

图 3-11 江苏连云港桃花涧

（3）曲水

曲水是一种人工营造的曲折溪涧，比如浙江绍兴兰亭的“曲水流觞”（图3-12）。有些园林中的“流杯亭”，即在亭子中的地面凿出弯曲成图案的石槽，让流水缓缓而过，这种做法已演变成一种景观小品（图3-13）。

图3-12　浙江绍兴兰亭曲水流觞

图3-13　北京故宫宁寿宫花园禊赏亭

（4）瀑布

流水从高处突然下落，形成瀑布（图 3–14、图 3–15），如白练飘舞，十分壮观，常作为园林的视线焦点。瀑布有线状、帘状、分流、叠落等形式，设置时要处理好峭壁、水口和递落叠石。古典园林中营造瀑布水源的方法通常有两种：一种是引导自然界的山泉作为水源；另一种是通过积蓄屋檐雨水，因此只有到雨天才能观瀑。

图 3-14　江西九江庐山瀑布

图 3-15　贵州黄果树瀑布

（5）泉

泉是指从地下涌出的水，一般作为园林中的水源。根据出水姿态的不同，可分为山泉、涌泉、喷泉、壁泉，以及间歇泉。山东济南又名“泉城”，赏泉、听泉、品泉都是在此处游览的内容。很多风景名胜中都有泉，比如江苏无锡惠山的“天下第二泉”惠山泉（图 3–16），浙江杭州西湖的三大名泉——虎跑泉（又有“天下第三泉”之称，图 3–17）、玉泉、龙井泉，杭州孤山西泠印社的四泉——印泉、闲泉、潜泉、文泉（图 3–18），都是可赏可品的名泉。

图 3-16　江苏无锡惠山泉（天下第二泉）

图 3-17　浙江杭州虎跑泉（天下第三泉）

印泉

闲泉

潜泉

文泉

图 3-18 浙江杭州西泠印社的“四泉”

3. 水上景观

（1）桥

桥是古典园林中十分常见的构筑物。在园路穿过园林水体处、岛屿和湖岸的连接处、无路可通的陡岸峭壁处，以及横跨风景区的山沟处等都需要设置园桥。

从结构上看，我国历史上的桥基本可概括成四大类型：拱式、梁式、吊式、浮式。古典园林中的桥，一般只用拱式和梁式两种。按这两种桥型的主要分布来看，北方园林多拱式，江南园林多梁式；大型园林多拱式，小型园林多梁式。

从形式上看，园林中的桥又可分为拱桥、平桥、亭桥、廊桥、折桥等几种类型。

园桥总是和园路紧密联系在一起，成为园路上的一种结点或一种端点，可以联系风景点的水陆交通、组织游览线路、变换观赏视线、点缀水景、增加水面层次，兼有交通和艺术欣赏的双重作用。

桥在古典园林中的重要地位突出地表现在它和水的审美关系上。"小桥流水"便揭示了桥与水的相关性——桥固然离不开水，这是由其依水的特性决定的；而水体之美也往往要通过桥的划分水面、点缀水景的作用才能更好地显示出来，从而耐人寻味地供人品赏。小桥与流水，两者就这样相辅相成地构成了一幅优美的画面。

古典园林里著名的桥有北京颐和园的绣漪桥（图 3–19）、玉带桥和十七孔桥（图 3–20），颐和园谐趣园中的知鱼桥，江苏扬州瘦西湖的五亭桥（图 3–21）、二十四桥，江苏苏州拙政园的小飞虹廊桥（图 3–22），上海豫园的九曲桥，江苏海盐绮园的罨（yǎn）画桥（图 3–23），以及浙江杭州西湖三大"情人桥"——断桥（图 3–24）、长桥、西泠桥，等等。

图 3–19　北京颐和园绣漪桥

图 3-20　北京颐和园十七孔桥

图 3-21　江苏扬州瘦西湖五亭桥

图 3-22　江苏苏州拙政园小飞虹廊桥

图 3-23　江苏海盐绮园罨画桥

图 3-24　浙江杭州西湖断桥

此外，园林中还常用汀步代替桥梁（图 3–25、图 3–26）。汀步的作用类似桥，但比桥更临近水面。它常以零散的叠石、柱桩等点缀于窄而浅的水面上，游人踏着汀步临水而过，别有一番风趣。

图 3–25　浙江杭州胡雪岩旧居内汀步

图 3–26　江苏南京瞻园内汀步

（2）堤、岛

堤是两面临水、用土石等材料修筑的挡水建筑；岛则是三面或四面环水的陆地，其中面积较大的往往被称为“洲”。

如果说堤是水体两岸的锦带，那么岛可以说是独立或半独立于水体之中的美玉。堤和岛既依附于水体，又有其独立的景观价值，是水体的重要点缀。

堤常与桥相连，因此也是重要的游览路线之一。堤在园林中不多见，比较著名的有浙江杭州西湖的白堤、苏堤（图 3–27）、杨公堤，北京颐和园的西堤等。

岛的类型众多、大小各异，有可游的半岛及湖中岛，也有仅供远眺、观赏的湖中岛。杭州西湖小瀛洲可谓是湖中岛的佳例（图 3–28），东西、南北两条堤将其划分成田字形的四个水面空间，呈现出湖中有岛、岛中有湖的景色。

图 3-27　浙江杭州西湖孤山、三岛与苏堤（由近至远）

图 3-28　浙江杭州西湖小瀛洲鸟瞰

（3）塔、幢

水上的石塔、石幢是一种园林建筑小品，主要起着点缀水面的作用。它们对于平静空旷的湖面，既起了打破平淡的作用，又起了点缀装饰的作用，使水体丰富而有变化。著名的水上之塔如浙江杭州西湖小瀛洲岛旁的三潭印月（图 3–29）。

石幢是更小型的水面饰物，比如江苏苏州留园清风池馆和曲溪楼前（图 3–30）、江苏苏州拙政园西部水廊边（图 3–31）的水面上，都装饰了石幢。它们的主要审美功能，是以纵向的立体造型打破了横向展开的水面，并投影水中，丰富了水面的层次。

图 3–29　浙江杭州西湖三潭印月石塔

图 3–30　江苏苏州留园曲溪楼前石幢

图 3–31　江苏苏州拙政园西部水廊边石幢

（4）舟、船

舟和船是水上的交通工具，在园林水面上，舟、船也是一种游览工具。

舟可以称船，但船不可称舟，因为船要比舟大。从字面上看，舟只是船的一半，船比舟则多了“几口”。舟，一般可称一叶扁舟，意思就是像漂浮在水上的一片树叶；而船的量词则为艘。两者还有一个区别，船一般有帆，而舟是没帆的。

园林中除了一般的舟、船，还有画舫（指装饰华丽的游船）、龙舟（有两种含义：一是特指端午节竞渡用的龙形船，二是泛指装饰成龙形的游船）等（图 3–32）。

图 3-32 园林里的游船（左图）与画舫（右图）

（5）鱼、鸟

游鱼、水鸟和涉禽是依水而构成动态景观的重要元素，是极富审美价值的水上景观（图 3-33）。鱼是离不开水的，而水鸟、涉禽则常常浮游于水或涉足于水。

在碧波荡漾的池水之中，锦鳞赤鲤，色彩斑斓，回环穿梭，悠然自得。这种水体景观往往能引得游人如织，或引发文人们的濠梁观鱼遐想、知鱼体验。

而水鸟、涉禽在水上或浮游、或栖止，都能以其形体、色彩、声音，构成别开生面的水上动态景观之美。

图 3-33 园林水景中的锦鲤（左图）和鸳鸯（右图）

（6）水生植物

清乾隆皇帝有两句咏荷的诗：“绿盖红冠塞水滨，风前雨后越精神。”水生植物历来都是园林水景的重要构成要素。宽广的水面或水边可以种植荷花、睡莲、千屈菜、再力花等水生植物，与其他景观相配合，成为特有的审美对象。

在众多水生植物中，备受人们青睐的是荷花、睡莲（图 3-34）。每当夏季荷花盛开之时，满湖翠碧，红绿相映，呈现出一派“接天莲叶无穷碧，映日荷花别样红”的景象。

图 3-34　园林水景中的荷花（左图）和睡莲（右图）

二、园林水体景观艺术特色

园林中的水景营造以自然山水为范本，追求源于自然又高于自然的效果。因此，理水必曲折有致、变化丰富。

中国古典园林理水艺术是独立发展的一套系统，它着重强调对自然山水景观特征的概括、提炼和再现。对水体自然形态的表现，关键不在于规模大小，而在于其特征表现的艺术真实性，以求达到“虽由人作，宛自天开”的目标。

中国古典园林理水运用源流、动静、聚分、藏露、声色、光影等一系列手法，进行符合自然水势的演绎，从而赢得人们的认同和喜爱。园林水景追求的是一种理想化的自然景观效果。

1. 寻根溯源，活水长流

“问渠哪得清如许？为有源头活水来。”无源之水，必成死水；一潭死水，必然臭腐，令人厌恶，因此是园林大忌。园林理水，贵在一个“活”字。而水欲“活”，必须有“源”。

正如陈从周先生在《说园》中所说：“山贵有脉，水贵有源，脉理贯通，全园生动。”造园必须先寻得充沛的水源，只有这样才能常年有足够的活水。

丰沛的活水源乃是园林的生命线。因此，规模大的园林多以河流、湖泊为水源。我国古代造园家对解决园林水源问题早就积累了一套成功的经验。杜甫的名句“名园依绿水”，正是对古代造园经验的总结。

例如，浙江杭州西湖边的园林，均以西湖为水源来营造景观（图 3-35）。比如漪园、郭庄、红栎山庄，这些园林挖池引水，将西湖水引入园中，只要西湖不枯竭，园内永远活水长流。

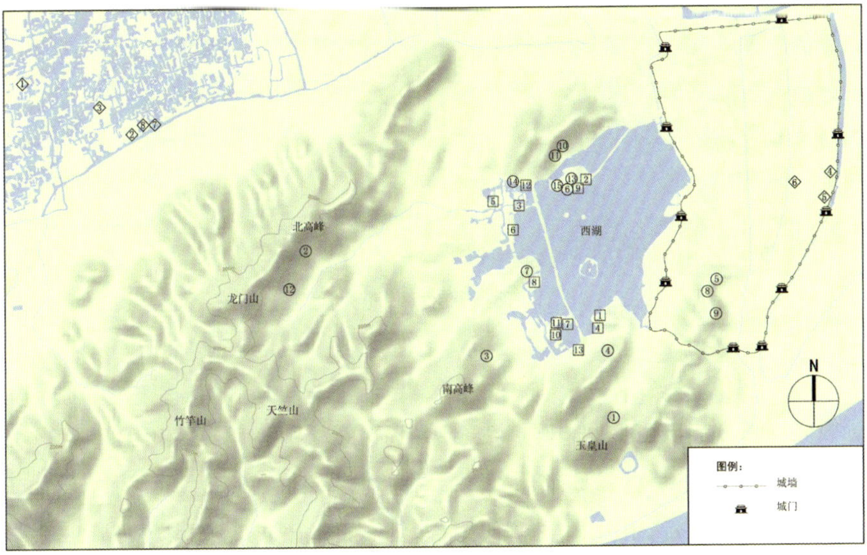

源头为山泉、山溪水：
①青莲山房 ②岣嵝山房 ③留余山居 ④小有天园 ⑤宜园 ⑥洪氏别业 ⑦蕉石山房 ⑧泉石山房 ⑨紫阳别墅 ⑩翁庄 ⑪丹井山房 ⑫白云山房 ⑬孤山行宫 ⑭湖山春社 ⑮西泠印社

源头为西湖水：
[1] 漪园 [2] 吟香别业 [3] 关帝祠 [4] 藕花居 [5] 金溪别业 [6] 郭庄 [7] 小万柳堂 [8] 水竹居 [9] 文澜阁 [10] 陈庄 [11] 红栎山庄 [12] 烟水矶 [13] 树栾庐

源头为河水：
◇1 洪钟别业 ◇2 西溪草堂 ◇3 弹指楼 ◇4 金衙庄 ◇5 臬园 ◇6 庾园 ◇7 竺西草堂 ◇8 竹窗

图 3-35　明清时期浙江杭州园林中水体源头的类型及分布

2. 蜿蜒曲折，开合有致

无曲折，则必平淡无奇。清代著名画家恽寿平在《南田画跋》中说：“境贵乎深，不曲不深也。”陈从周先生在《园林清议》中也说：“水不在深，妙于曲折。”因为只有“萦纡非一曲”，才能达到“意态如千里”的艺术效果。

构成水体曲折的条件大致有三个：一是藏源，二是引流，三是集散。

所谓“藏源”，就是要把水体的源头做隐蔽处理，或藏于石隙，或藏于洞穴，或隐于溪瀑。

所谓“引流”，就是引导水体在空间中逐步展开，形态宜曲不宜直，以形成优美的风景线。

所谓“集散”，就是要将水面进行适度的开合与穿插，既要展现水体主景空间，又要兼顾水体的幽深，避免水面单调、呆板。

总之，园林的水体处理，贵在曲折有致（图 3–36）。犹如文章的“起结”与绘画的“开合”，须立意在先，立宾主之位，定远近之形，穿凿景物，摆布高低，让水面有流有滞、有隐有显、有大有小、有开有合，从而生发出无穷的意境。

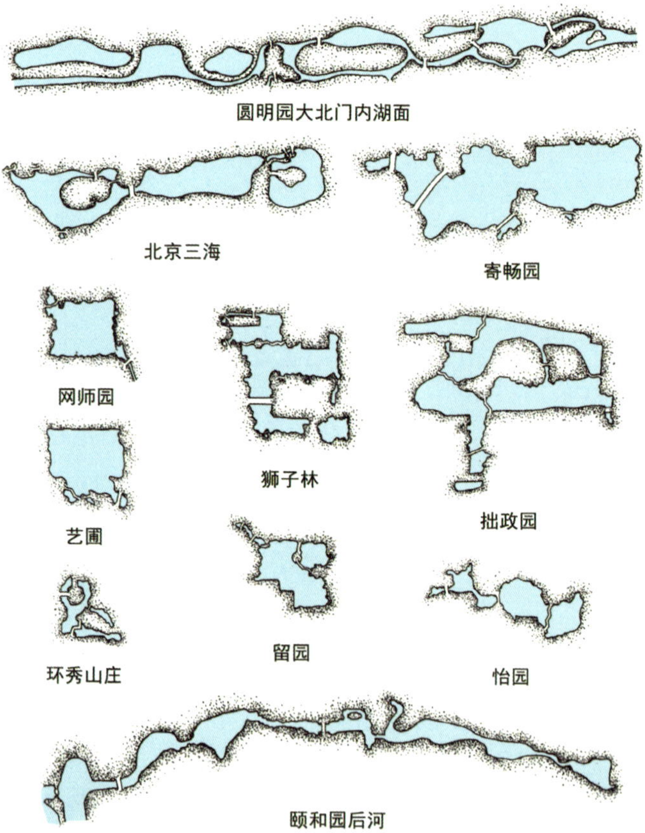

图 3–36　中国古典园林理水贵在曲折

3. 隔而不断，层次深远

浙江杭州西湖由白堤、苏堤等将其分隔成五个大小不同的水面，并在最大的外湖湖面构筑了大小不一的小瀛洲、湖心亭和阮公墩三座人工小岛，顿使湖景变化多姿。

河北承德避暑山庄被芝径云堤等分隔成六个形状、大小不一的湖面，并在六个湖中分别堆筑大小不一、形状各异的岛屿（图 3-37），观景效果也极好。

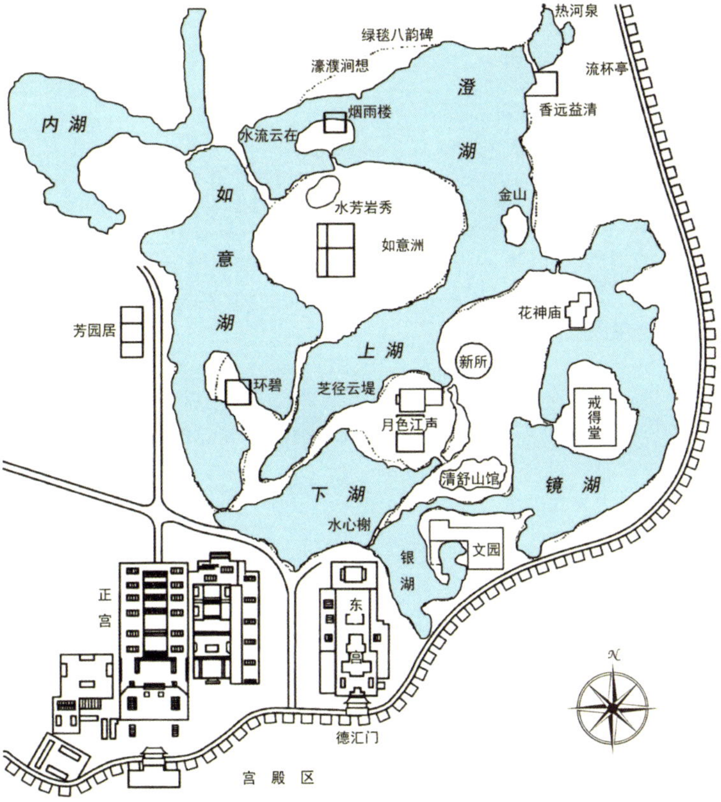

图 3-37　河北承德避暑山庄湖泊区平面图

江苏苏州拙政园则利用粉墙、复廊等将全园分隔成东、中、西三园，每个园内又用桥、堤、廊等再次分隔，并在东、中、西三个湖面上构筑了数量、大小、形状不一的岛屿，形成多层次的景观效果（图 3-38）。

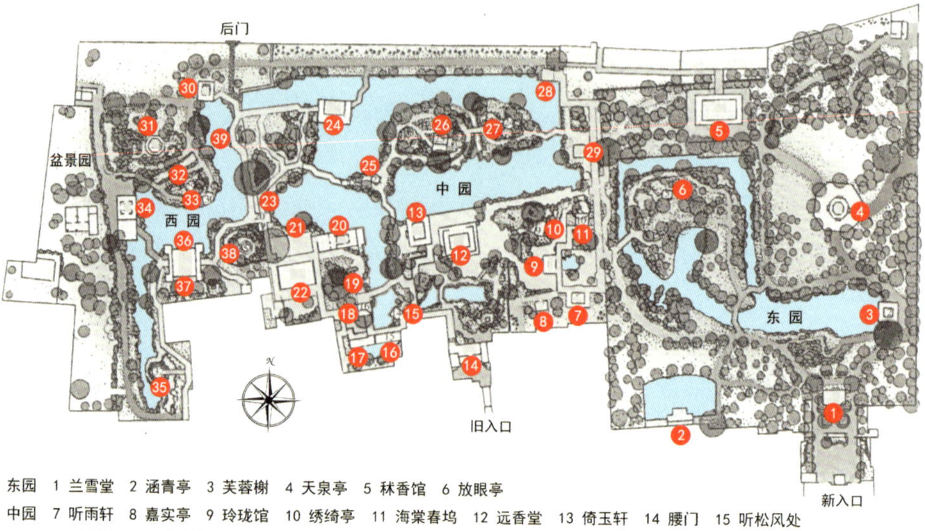

东园　1 兰雪堂　2 涵青亭　3 芙蓉榭　4 天泉亭　5 秫香馆　6 放眼亭

中园　7 听雨轩　8 嘉实亭　9 玲珑馆　10 绣绮亭　11 海棠春坞　12 远香堂　13 倚玉轩　14 腰门　15 听松风处　16 小沧浪　17 志清意远　18 得真亭　19 小飞虹　20 香洲　21 徵观楼　22 玉兰堂　23 别有洞天　24 见山楼　25 荷风四面亭　26 雪香云蔚亭　27 待霜亭（北山亭）　28 梧竹幽居　29 绿漪亭

西园　30 倒影楼　31 浮翠阁　32 笠亭　33 与谁同坐轩　34 留听阁　35 塔影楼　36 卅六鸳鸯馆　37 十八曼陀罗花馆　38 宜两亭　39 波形廊

图 3-38　江苏苏州拙政园平面图

“水曲因岸，水隔因堤”，只有进行分隔，才能打破水面的单调感，才能使水景层次丰富，显得奥妙无穷，不至于一览无余。

4. 山水清音，意境悠远

在园林理水造景中，若能运用各种手法制造出水体的不同声音，便能引发听觉美感，配合视觉，观赏效果十分惊人。

“水流传声”，水声反衬出环境的幽静，给人一种强烈的幽静感（图 3-39）。

唐代诗人孟浩然在《夏日南亭怀辛大》诗中有一句“竹露滴清响”，意思是说连竹叶上的露珠滴入水中的声音都能听得见，仅仅一滴水声就把人们引入一个十分幽静的空间中。而唐代诗人王维的《青溪》诗中，青溪潺潺的流水“声喧乱石中”，散发出欢快的水声，激发出一种活泼感。

在园林水景设计中，水声的应用主要有五种形式：水滴的滴答声，溪水、泉水的潺潺声、叮咚声、汩汩声，河水流动的淙淙声，跌水的哗啦声，瀑布的轰隆声。

园林中通过采用“未见水景而先闻水声”的手法，使得水声在空间营造上具有引导提示的作用，激发游人的好奇心，指引其循声游览至景点。

另外，水声还可以寄托情感。西晋文学家左思在《招隐》诗中写道：“非必丝与竹，山水有清音。”将水声比作乐声，使园林意境更加悠远，让人们无纷扰地融于自然山水之中。

图 3-39　雨打芭蕉

第二节 园林水体景观营造技法

一、园林水体景观营造手法

自然界中水景的基本类型有江河、湖泊、瀑布、溪流和涌泉等。园林水景营造既要师法自然，又要高于自然。

1. 湖池

湖为园林中较大的水面，常给人以烟波浩渺、碧波万顷之感。可采用夸张的手法使人联想而称“海”，如北京北海、圆明园福海。池为较小的水面，潭为较深的水面。园林中小水面以聚为主，大水面则可以分隔。

（1）小水面

小水面多采用变化简单的水际线。中央常为一个较大的水面，边角附一两个小水湾，这种水面要宁空勿实。小水面的运用在私家园林中有很多优秀的实例，比如江苏苏州网师园的中央水池（图 3-40、图 3-41）与四周陆地比例适当，既显开朗宁静，又有山石、绿化与之呼应相衬。

图 3-40　江苏苏州网师园中央水池（1）

图 3-41　江苏苏州网师园中央水池（2）

（2）水庭

水庭是以水池为中心布局的，让水充满整个庭院，具有温柔、活泼、开朗、宁静的性格，形成一种向心的、内聚的空间特性。比如北京颐和园中的谐趣园水池（图 3-42）便以知鱼桥进行分隔，让水面空间自然曲折、富于变化。

图 3-42　北京颐和园谐趣园水池

（3）大水面的集中使用

《园冶》中说：“纳千顷之汪洋，收四时之烂漫。”在宽阔的水面上，常设堤桥、岛屿，布置建筑，形成离心、扩散的空间特性。就像北京颐和园昆明湖，碧波荡漾，烟波浩渺，视野开阔。水体平面布局采用状似桃形的水面，利用透视线的变化，加强了水面的宽阔和深远。水中依次递减的南湖岛、凤凰墩，扩大了视觉空间效果；长堤烟柳，桥岛掩映，则形成了壮丽的水面效果。

（4）大水面的分散使用

用岛、堤将大水面分隔成若干小水面，能获得朴素自然的情趣。《园冶》中说：“江干湖畔，深柳疏芦之际，略成小筑，足征大观也。悠悠烟水，澹澹云山，泛泛渔舟，闲闲鸥鸟，漏层阴而藏阁，迎先月以登台。”河北承德避暑山庄、江苏苏州拙政园等园林中的水面，不刻意追求水面之大，而是以水陆萦洄的方法，营造引人入胜和无穷无尽的梦幻效果；其中相对集中的小块水面，又可以形成多个小局部的中心，使空间富于变化。

2. 溪涧

在自然界中，泉水由山上集水而下，通过山体断口夹在两山间的水流为涧，山间浅流为溪。习惯上溪、涧通用，常以水流平缓者为溪，湍急者为涧。园林中可在山坡适当之处设置溪涧（图3-43），平面上应蜿蜒曲折、有分有合、有收有放，构成大小不同的水面或宽窄各异的水流；竖向上应有缓有陡，陡处形成跌水或瀑布，落水处还可构成深潭。多变的水形及落差配合山石的设置，可使水流忽急忽缓、忽隐忽现、忽聚忽散，发出各种悦耳的水声，给人以视听双重感受，引人遐想。比如江苏无锡寄畅园的八音涧、北京颐和园的玉琴峡与清琴峡，都是仿效自然景观建成的溪涧精品。

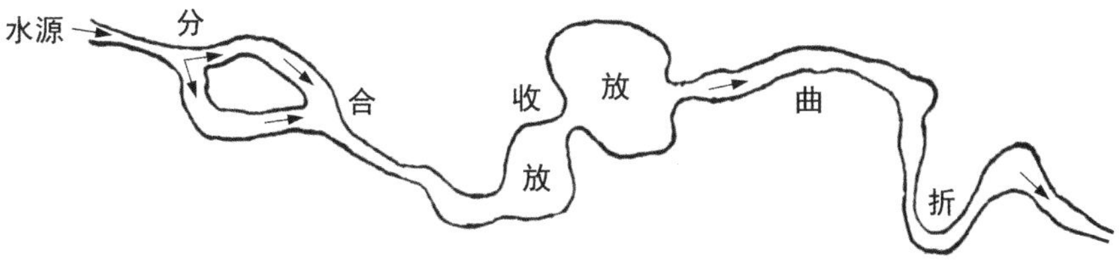

图3-43　溪涧的形态

3. 瀑布

瀑布是从河床横断面陡坡或悬崖处倾泻下来的水流，遥望如布悬垂而下，具有形、声、色和动态的景观特点，体现了水的力量感与柔美感，是大自然的奇景。

在大的风景区中，常有天然瀑布可以利用，比如贵州黄果树大瀑布、江西庐山香炉峰大瀑布等，能给人以“飞流直下三千尺，疑是银河落九天”的艺术感染力。人工园林在经济条件和地貌条件许可的情况下，可以模仿天然瀑布的意境，打造人工小瀑布。通常的做法是将石山叠高，山上设池做水源，池边开设落水口，水从落水口流出，形成瀑布，山下设置汇水池及下游水体。瀑布下落的方式有直落、阶段落、线落、溅落等，从而形成挂瀑、叠瀑、帘瀑和飞瀑（图 3-44）等。具体使用哪种类型的瀑布，应结合造景需要选用。

挂瀑　叠瀑　帘瀑　飞瀑

图 3-44　瀑布的形式

4. 喷泉

地下水向地面上涌出形成泉，泉水流速大，涌出时高于地面或水面。城市园林绿地中的喷泉以人工为主，一般布置在城市广场上、大型建筑物前，以及入口、道路交叉口等处的场地中，与水池、雕塑、花坛、彩色灯光等组合成景。作为局部的构图中心，为使喷泉线条清晰，可以深色景物为背景，比如高绿篱或绿墙、深色的建筑墙面等。

二、园林水体空间界面处理

用园林中的水体构成园林空间界面，是园林空间构成的一个方面。园林水体的空间界面处理，常通过桥、岛、堤岸、汀步、建筑来引导和控制，以丰富园林空间的层次感，加强深远感。

1. 桥

桥宜建于水面较窄之处。在小水面上，桥宜曲折低矮，贴水而架，空间渗透流通，产生倒影，增加层次，曲桥转折处要有对景；在大水面上，宜堤、桥分段设置，化大为小，以小巧取胜，高低曲折，依水面大小而定。若为通行船只的水面，应采用拱桥，桥洞一般为单数，要考虑桥拱倒影，在常水位时呈圆形。

2. 岛

岛可打破大水面的平淡单调感。岛在水中，构景、借景均佳，还可障景。布置岛时，忌居中、整形，一般多设于水面的一侧，使水面有大小之分，形成对比。岛的数量不宜多，需视水面大小及造景需求而定。岛上可建亭、种植花木，岛大则可安排建筑，叠山挖池，形成池中池的复合空间。岛与水面的尺度比例要适当，小水面不宜设岛（可设半岛），岛面积宁小勿大，可使水面显得开阔。

3. 堤岸

大水面常用堤分隔，使水面空间富有层次。堤宜曲不宜直、宜侧不宜中、宜变不宜等、宜短不宜长。在长堤上设桥，便于水上交通、沟通水域。堤长桥多时，桥的大小、形式应有变化。长堤上可植树，加强分隔效果，但要注意树冠线，应起伏有致。

4. 汀步

汀步是在小水面或大水面收缩或落差处的水上置石，散点成线，以石代桥。汀步宜大小相间、曲折有致、间距适宜，可不等距，宜短不宜长。

5. 建筑

水上建建筑，建筑可与水面穿插渗透，形成复合空间，构成大小水面对比。比如广东惠州西湖上，九曲桥、凉亭与鹤屿的组合，不但划分了水面，而且让水面更显精致、美观，堪称一处胜景（图 3–45）。

图 3-45 广东惠州西湖九曲桥、凉亭、鹤屿

第三节 园林水体景观营造案例

人的天性中有亲水的一面，中国又是一个诗画的国度，论水、画水的风气非常普遍。在历代诗人、画家的笔下，关于水的诗篇、画作何止万千！诗中有画、画中有诗的园林水景，在中国传统文化的丰富宝库中比比皆是。

一、浙江杭州西湖与北京昆明湖

提到西湖，人们总会想到浙江的杭州西湖，即便没有看过西湖，也大概听说过这几句古诗："未能抛得杭州去，一半勾留是此湖"（唐代白居易《春题湖上》），"欲把西湖比西子，淡妆浓抹总相宜"（北宋苏轼《饮湖上初晴后雨二首·其二》）。因为这几句诗，杭州西湖更加与众不同、名扬天下了。

其实，中国名叫"西湖"的湖泊，远不止杭州西湖一处。无论是天然形成的湖泊，还是人工挖掘的湖泊，之所以被称为"西湖"，是因为它们都位于所在城市的西侧。清代陆以湉在《冷庐杂识》中说："天下西湖三十有六，唯杭州最著。"由此可见，杭州西湖在全国风景区中的地位首屈一指。

那么，为何从古至今，在各地西湖中，唯有杭州西湖名声最大呢？

其实，杭州西湖之名，不只在于优美的湖光山色，更在于深厚的历史文化。除了以白居易、苏东坡为代表的历代文人墨客在这里留下了丰富的诗词歌赋，以《白蛇传》《梁祝》为代表的众多传说故事也在这里轮番上演，清代康熙帝、乾隆帝对这里的园林景观和风景名胜更是赞赏有加，并在北京圆明园、颐和园和河北承德避暑山庄等地仿建。

杭州西湖是首批国家重点风景名胜区、首批国家 AAAAA 级旅游景区，还是国内唯一的湖泊类世界文化遗产（文化景观类）。它是以山水为特色的园林景观，其高超的理水艺术，堪称中国自然山水式园林理水艺术的不朽楷模。

在古代，这里本是与钱塘江相通的浅海湾，后由于泥沙淤塞，与大海隔断。千百年以来承受山泉活水冲洗，加以历代人工疏浚，才形成了今天的杭州西湖。

为了避免单调，增加景观的层次与深远效果，历代治湖者从整体布局着手，构筑了两条大堤横贯湖的南北（苏堤）和东西（白堤），把全湖分隔成外湖（即最大的湖面，地图上标注为“西湖”）、北里湖、岳湖、西里湖和小南湖五个大小不同的水面（图 3–46）。

苏堤、白堤犹如两条绿色缎带，飘逸于湛湛碧水之上。白堤上相间而栽的桃柳，体现出一种强烈的节奏感与韵律感。“六桥横绝天汉上，北山始与南屏通”，苏堤上架设的六座拱形石桥，使得西湖之水隔而不断，富有情趣，素有“长虹跨湖”的美誉。

西湖外湖的湖面最大，并以不同的距离构筑了小瀛洲、阮公墩、湖心亭三座小岛，打破了湖面的单调，丰富了水面空间的层次感和变化感，加重了西湖水景的分量，使得西湖的绿水和青山结合得更加妥帖、协调。

西湖之所以能达到“水光潋滟晴方好，山色空蒙雨亦奇。欲把西湖比西子，淡妆浓抹总相宜”的景观艺术效果（图 3–47），全靠西湖水体景观布局得好。

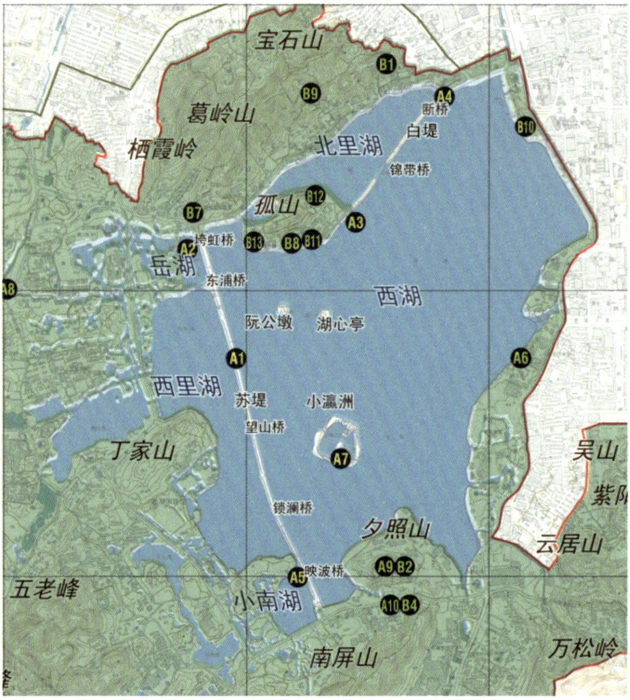

图 3–46　杭州西湖平面图

图 3-47　旖旎的杭州西湖风光

杭州西湖还是北京颐和园昆明湖的蓝本（图 3–48）。

颐和园的前身叫“清漪园”，是乾隆皇帝在位时亲自主持修建的。昆明湖的前身是建于元代的西湖，风景虽然不错，但湖与山的关系却不协调，必须加以改造。改造的策略便是完全仿照杭州西湖的格局。

昆明湖北接万寿山南麓，水面辽阔，碧波荡漾（图 3–49）。为打破整个湖面单调的格局，同时对水面进行人为分隔，沿湖西岸仿照西湖苏堤，修筑了一条贯穿南北的长堤，名叫“西堤”，堤上筑六座石桥（与苏堤六桥十分相似）。在西堤北端，又修筑了一条贯穿东西的横堤，名叫“北堤”。

西堤、北堤将整个湖面分隔成大小不同、形状各异的西湖、养水湖与南湖三个水面，使水景层次得以丰富。每个水面各有一岛，西湖中有治镜阁岛，养水湖中有藻鉴堂岛，南湖中有一个中心岛屿——南湖岛，它与万寿山隔湖遥遥相对，构成宾主呼应之势，恰似杭州西湖北部孤山与三岛的关系。

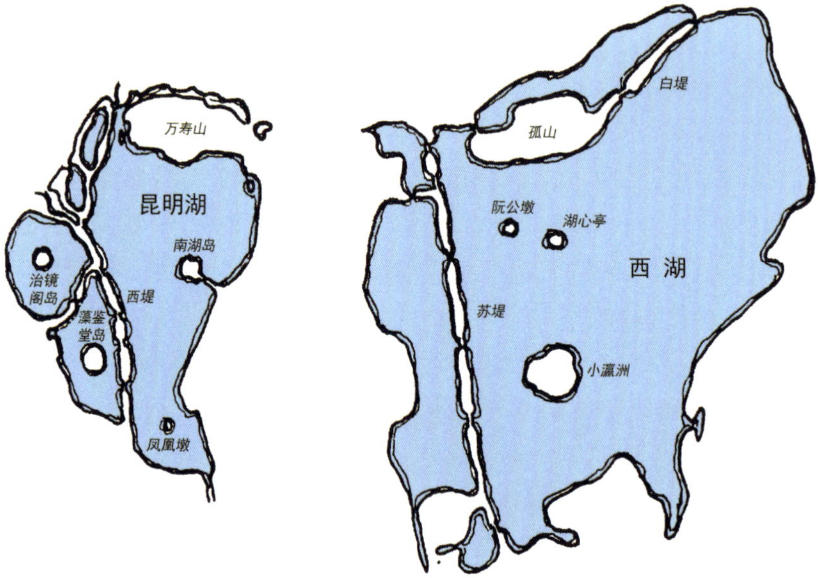

图 3–48　北京颐和园与杭州西湖水面格局对比

图 3-49　优美的昆明湖风光

二、江苏无锡寄畅园水体景观

寄畅园是一处始建于明代的古典园林，位于江苏省无锡市惠山横街，毗邻惠山寺，属于山麓别墅类型的园林。

这座园林的规模不大，整体面积不到 1 公顷，却吸引了清朝康熙、乾隆两位皇帝先后 18 次来到这里。祖孙俩一共 12 次下江南，18 次造访寄畅园，乾隆帝更是喜爱这里，为寄畅园写了 169 首诗，再加上写周边景色和无锡的诗一共 619 首。

无锡寄畅园是私家园林理水艺术的一个成功范例（图 3-50）。园内的水池名叫“锦汇漪”（图 3-51），面积仅 1600 m^2，是一个南北长、东西窄，近似矩形的水面。造园者对其进行分隔布局，在水池北端构筑了七星桥和廊桥，将水池分隔成大、中、小三个不同情趣的水面，曲折幽深，使人看不到水的去向，增加了水意的连绵感，令人玩味无穷。

图 3-50 寄畅园平面图

图 3-51 寄畅园锦汇漪

水池西侧是鹤步滩，有两处用小石条平贴水面，半浸碧波，各将一角池水与大池隔断的造景。而小池三面被岩石环抱，水波不兴，更显幽趣。

水池东侧，由南向北设置了一条临水曲绕的长廊。沿池有郁盘亭、知鱼槛、清响月洞和涵碧亭等建筑，可以观赏到亭台楼阁，山影、塔影、树影、花影、鸟影、人影尽汇于池中，是全园观景的最佳场所，故取“锦汇漪”之名，的确名副其实。

整个水面布局以聚为主、以散为辅，两者相辅相成，同时达到了拓展水面空间、丰富园林景致的目的，使水面聚处显得分外辽阔、余意未尽。

此外，寄畅园西北部构筑的八音涧（图 3–52），取得水流、水声的效果也十分成功。八音涧原名为“悬淙涧”，又名“三叠泉”。全用黄石堆砌而成，西高东低，总长 36 m。涧中石路迂回，上有茂林，下流清泉（图 3–53）。引惠山泉水，流经墙外的二泉，伏流后喷涌而出，涓涓不绝，几经曲折，极尽变化。

那么，什么是“八音”呢？在我国古代，八音是对乐器的统称，指的是用金、石、丝、竹、匏(páo)、土、革、木八种材料制成的乐器。西晋诗人左思曾在诗中写道：“非必丝与竹，山水有清音。”意思就是，身处在一个美好的环境里，根本不用弹琴作乐，因为大自然中山水流动的声音本身就是一首乐曲！

八音涧营造的正是这样一种意境。水流随山谷的高低宽窄时缓时急，加之山谷的共鸣，便发出和谐音律。

此外，造园者还运用收与放、隐与现、明与暗、藏与露等多种不同的对比手法，创造了清潭曲涧、寒泉飞瀑等颇为神奇的艺术形象，使人联想、回味、思索、探求。

八音涧这种动态水景的成功创造，在私家园林中仅此一例，十分可贵。诚如明人王稚登在《寄畅园记》中所说：“环惠（山而园者），若棋布然，莫不以泉胜；得泉之多少，与取泉之工拙，园由此甲乙。秦公之园(即寄畅园)得泉多而取泉又工，故其胜遂出诸园上。”

当年乾隆皇帝下江南，住在寄畅园中，深爱八音涧一景，于是命人描摹成图样，在北京清漪园（今颐和园）内仿造，形成了两处著名的声音景观——霁清轩景区的清琴峡（图 3–54）和惠山园（今谐趣园）景区的玉琴峡（图 3–55）。

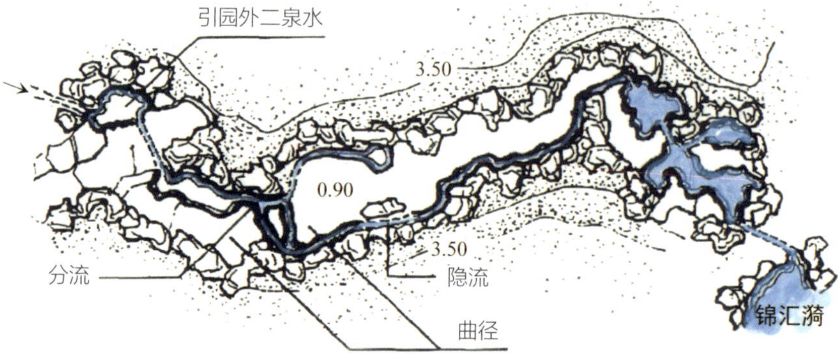

图 3-52　寄畅园八音涧平面图

图 3-53　寄畅园八音涧

图 3-54　颐和园霁清轩景区的清琴峡

图 3-55　颐和园谐趣园景区的玉琴峡

第四章
园林建筑景观营造

“建筑美与自然美的融糅”是中国古典园林的特点之一。在中国古典园林中，建筑是造园的主体，其他景观要素都是围绕建筑来布局的。建筑无论多少，也无论性质、功能如何，都力求与山石、水体、植物等造园要素有机地组织在一系列风景画面中，突出彼此协调、互相补充的积极一面，限制彼此对立、互相排斥的消极一面。

园林建筑在古典园林中主要起到以下几方面作用：一是造景，即园林建筑本身就是被观赏的景观或景观的一部分；二是为游览者提供观景的视点和场所；三是提供休憩及活动的空间；四是作为住宅主体建筑的必要补充或联系过渡。

第一节　园林建筑景观营造艺术

一、园林建筑景观分类

1. 园林建筑的构造

根据建筑的构造，可从下至上将建筑物分为三个互相关联的层次：一是台基层，主要为了防潮湿；二是屋身层（墙壁），主要为了御风寒；三是屋顶层，主要为了避雨雪。这三个部分构成了建筑物的轮廓和形状。

（1）台基层

台基是建筑下面用砖石砌成的突出的平台，是建筑的底座。传统台基分为台明、月台、台阶、栏杆四个部分（图 4–1）。台基的基本功能是防潮湿和稳定屋身，后来衍生出美观、显示等级等更多要求。

台基有三种类型：

①普通台基：一般为素方形，是普通房屋建筑台基的通用形式。

②须弥座台基：侧面呈凸凹状，是宫殿、坛庙建筑台基的常见形式。

③复合型台基：是普通台基、须弥座台基两种台基的重叠复合，用于比较重要的宫殿或坛庙建筑（图 4–2）。

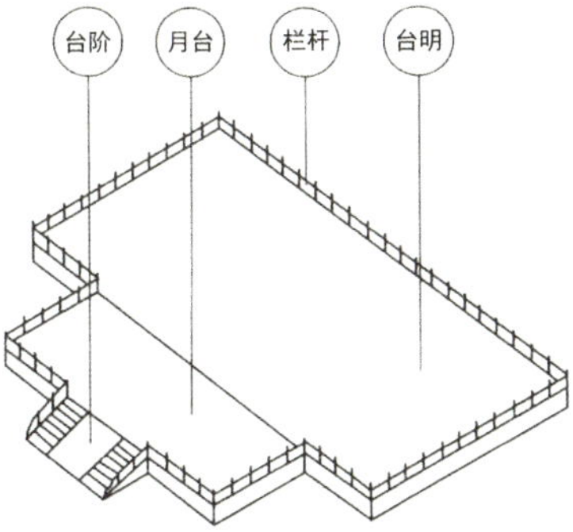

图 4–1　台基的构成

图 4–2　北京故宫太和殿复合型台基

（2）屋身层

屋身是建筑的主体，包括墙、柱、门、窗等。

中国古典园林建筑以木结构为主，墙体只是作为划分空间的间隔，不承重；屋顶部分的重量主要由梁、柱承担，再传给基础，因此古典园林建筑有墙倒屋不塌的特性。

自然条件对建筑的影响至关重要。北方冬日严寒，因此建筑物的外墙和屋顶较厚，用料相应粗壮，建筑外观严实厚重而窗少；南方温暖潮湿，因此建筑物空透，墙薄窗多，用料较细，建筑外观轻盈疏透，以增加空气流动和降低湿度（图4–3）。

图4-3　南方和北方园林建筑对比（左图为江苏苏州沧浪亭园内沧浪古亭，右图为北京故宫御花园千秋亭）

（3）屋顶层

中国古典园林建筑坡屋顶造型比屋身更大、更突出。古代匠师充分运用木结构特点，创造了屋顶举折（屋顶坡度的变化）和屋面起翘（翼角垂直方向的变化）、出翘（翼角水平方向的变化），形成如鸟翼伸展的檐角和屋面柔和优美的曲线。

明清时期，古建筑行业习惯将官式建筑分为正式与杂式两种。正式建筑屋顶有硬山顶、悬山顶、歇山顶、庑殿顶四种基本形式，以及卷棚做法、重檐做法等（图4–4）；杂式建筑屋顶则有平顶、攒尖顶、封山顶、盔顶、盝顶、十字顶、工字顶、勾连搭、拱顶（图4–5），以及圆顶、单坡顶、扇面顶等形式。以上各种屋顶形式还常常相互结合，组成丰富多样的结构样式。

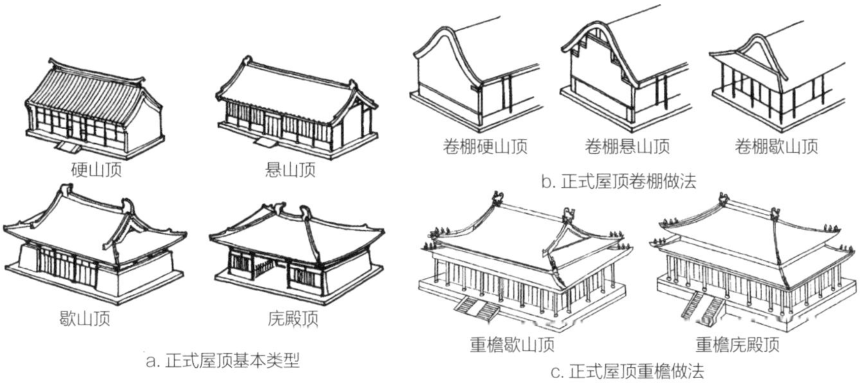

图 4-4　正式建筑屋顶的类型

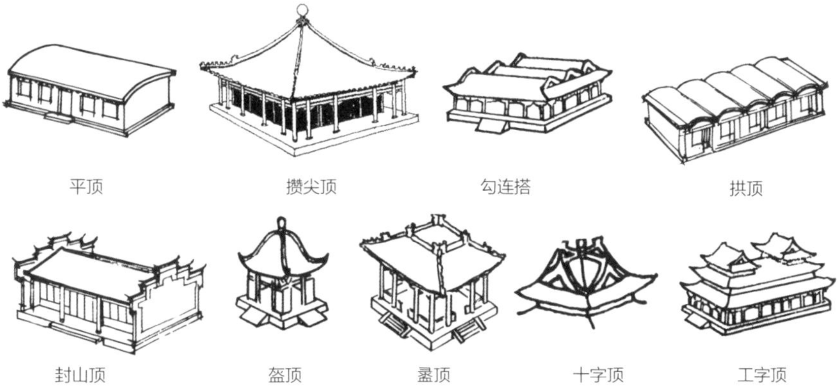

图 4-5　杂式建筑屋顶的类型

2. 园林建筑的类型

中国园林建筑种类十分丰富，常见的有亭、廊、榭、楼、阁、塔、石舫、厅堂、馆、轩、斋、室等建筑物，以及园路与铺装、围墙与门窗、小品与陈设等构筑物。

（1）亭

亭，古时候是供行人休息的地方。东汉刘熙的《释名》中说：“亭者，停也。人所停集也。”园中之亭，则是自然山水或村镇路边之亭的“再现”。

自亭进入园林以后，亭的纯粹实用意义逐渐被淡化了，代之而起并逐渐突出的是它的审美观赏价值。基于总体布局的要求，亭被赋予了观景与点景的双重功能。

也就是说，亭既要满足游人观赏自然风景的需要，又要成为被观赏的自然风景中的一项内容。

亭在园景中往往是个“亮点”，起到画龙点睛的作用，从形式来说相当美观而多样。明代计成在《园冶》中说：亭“造式无定，自三角、四角、五角、梅花、六角、横圭、八角至十字，随意合宜则制，唯地图可略式也”。这许多形式的亭，以因地制宜为原则，只要平面确定，其形式便基本确定了（图 4–6）。亭的屋顶形式主要有各种攒尖顶、盝顶、扇面顶、歇山顶和卷棚歇山顶等（图 4–7）。

综合而言，园林中亭的常见类型包括：三角攒尖顶亭、四角攒尖顶亭、四角歇山顶亭、正方形亭、六角形亭、八角形亭、圆形亭、扇形亭、半亭、重檐亭、组合亭等。比如浙江杭州西湖小瀛洲岛上诸亭，就采用了多种形式（图 4–8）。

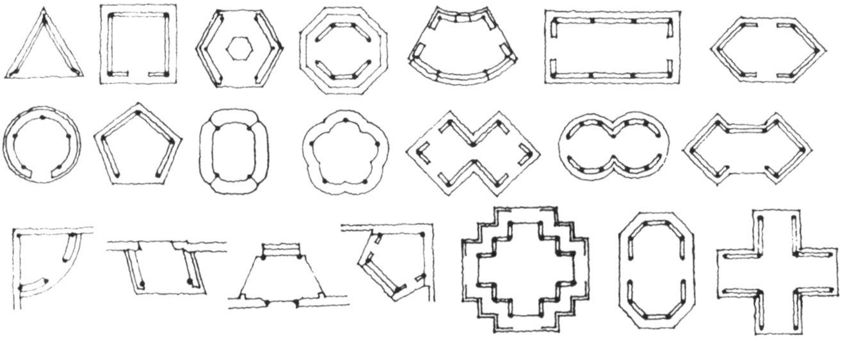

图 4-6 亭的平面形式

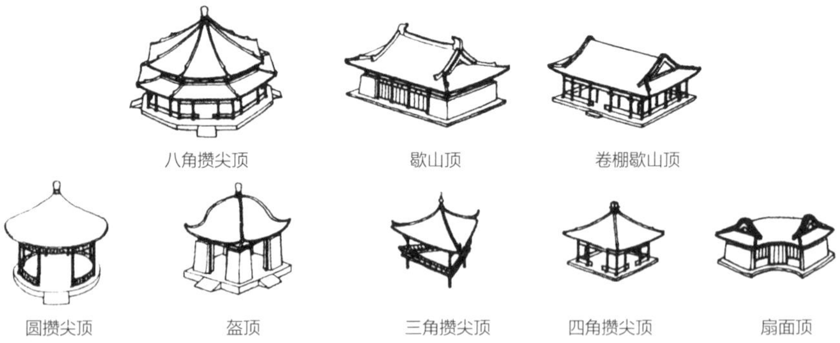

图 4-7 亭的屋顶形式

开网亭（三角攒尖顶亭）、亭亭亭（四角攒尖顶亭）

南舒亭（四角歇山顶亭）

卍字亭（平面呈“卍”字形，“卍”字是佛教符号。“春和”不是亭名，而是一条通道上匾的题字，另三条通道上匾的题字分别为“夏凉”“秋爽”“冬净”）

我心相印亭（三开间歇山顶亭）

图 4-8　浙江杭州西湖小瀛洲岛上的亭

（2）廊

廊是指建筑中有顶的通道，包括回廊和游廊。其发展历史悠久，经历了从围墙到围合庭院的辅助用房，再到联系型建筑物的演变过程。

廊的基本功能为分隔空间、联系组合景观、遮阳防雨和供人小憩。

廊是形成中国古代建筑外形特点的重要组成部分。殿堂檐下的廊，作为室内外的过渡空间，是构成建筑物造型上虚实变化和韵律感的重要手段。围合庭院的回廊，对庭院空间格局的塑造、外形的美化起重要作用，并能造成庄重、活泼、开敞、深沉、闭塞、连通等不同效果。园林中的游廊则主要起着划分景区、构成多种多样的空间变化、增加景深、引导观赏路线等作用。

廊虽是一种比较简单的建筑物，但造型很丰富，艺术性很强。从廊的横剖面分析，大致可分为单面空廊、双面空廊、复廊、双层廊四种；从廊的总体造型及其与地形、环境结合的角度来看，又可分为直廊、曲廊、回廊、抄手廊、爬山廊、叠落廊、暖廊、水廊、桥廊与花廊等（图 4–9，图中没有展示花廊）。南北园林中都有很多廊的经典范例（图 4–10 ~ 图 4–13）。

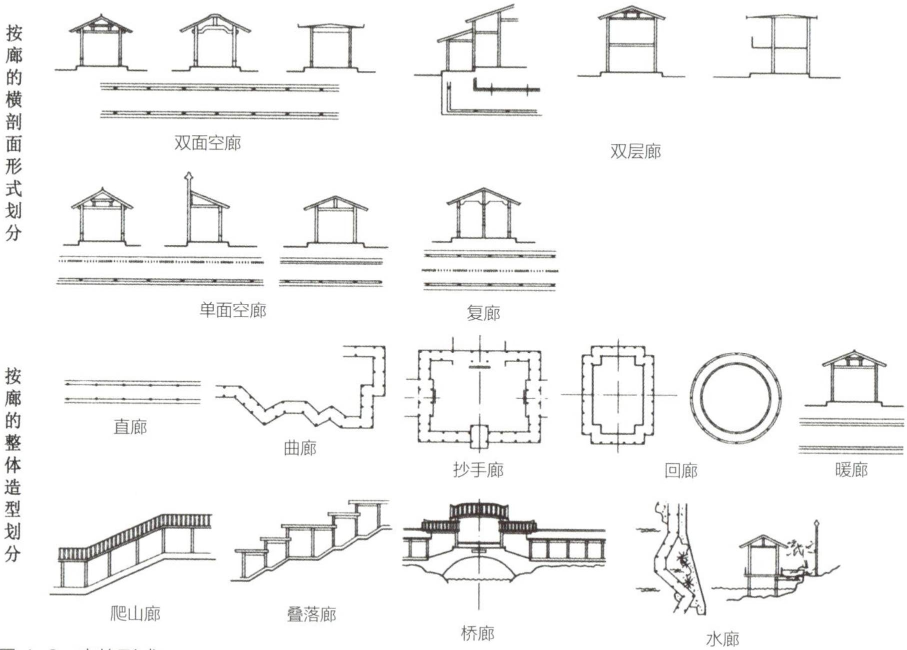

图 4-9　廊的形式

图 4-10　江苏苏州拙政园西部水廊

图 4-11　江苏扬州何园复道回廊

图 4-12　北京颐和园长廊

图 4-13　北京颐和园内谐趣园游廊

（3）榭

《园冶》中说：“榭者，藉（jiè，凭借）也。藉景而成者也，或水边，或花畔，制亦随态。”可见，榭是一种可借助周围景色而观赏的园林休憩建筑。

古代建筑中，高台上的木结构建筑称“榭”，其特点是只有楹柱和花窗，没有四周的墙壁。它的结构依自然环境不同而有多种形式，比如花榭、水榭，其中隐于花间的称为“花榭”，临水而建的称为“水榭”。

从宋代绘画以及现存的明清园林实例中，可以看到中国古代水榭的基本形式是这样的：在水边架起一个平台，平台一半伸入水中、一半位于岸边；平台四周以低平的栏杆相围绕，在平台的中部建有一个木构单体建筑物；建筑物的平面形式通常为长方形，其临水一侧特别开敞；有时建筑物的四面都有落地门窗，显得空透、畅达；建筑物的屋顶常用卷棚歇山顶，檐角低平轻巧，檐下装饰玲珑的挂落，柱间有微微弯曲的鹅颈靠椅。

于是，幽静淡雅、别有情趣的榭，便成了人们游园时读书、抚琴、作画、对弈、小酌、品茗、清谈的最佳场所（图 4–14、图 4–15）。

图 4-14　江苏苏州拙政园芙蓉榭

图 4-15　河北承德避暑山庄水心榭

（4）楼、阁

楼、阁是中国古代建筑中的多层建筑物。

楼与阁在早期是有区别的。楼是指重屋，阁是指下部架空、底层高悬的建筑。阁一般平面近方形，两层，有平坐，在建筑组群中可居于主要位置。楼则多狭长，常处于建筑组群最后一列或左右厢的位置。后世楼、阁两字互通，没有严格区分。

楼阁是园林内的重要点景建筑，不仅体量较大，而且造型丰富、变化多样，有广泛的使用功能。

城楼在战国时期就已出现，汉代城楼即可高达三层。佛教传入中国后，大量修建的佛寺建筑也是一种楼阁，比如藏经楼、观音阁等。历史上有一些用于收藏物品的建筑物也称为阁，但不一定是高大的建筑，比如浙江杭州文澜阁（图 4–16）、浙江宁波天一阁等。可以登高望远的风景游览建筑往往也以楼阁为名，比如岳阳楼（图 4–17）、鹳雀楼、黄鹤楼、滕王阁等。

图 4–16　浙江杭州文澜阁

图 4–17　湖南岳阳岳阳楼

（5）塔

塔是一种有着特定形式和风格的中国传统建筑。塔最初本是供奉或收藏佛骨、佛像、佛经等的高耸型点式建筑，称为“佛塔”，14 世纪以后逐渐世俗化。

在现代汉语中，塔也指高耸的塔形建筑，比如埃菲尔铁塔、比萨斜塔、电视塔等，但这一概念与中国古典园林中的东方塔并没有太多关联。

塔的平面，早期多为正方形，后来逐步发展出六角形、八角形、十二边形、圆形、十字形等。

按材质的不同，塔有木塔、砖塔、砖木混合塔、铁塔、铜塔、琉璃塔等。

按建筑造型的不同，塔大致可分为楼阁式（图 4–18）、密檐式（图 4–19）、覆钵式（图 4–20）、金刚宝座式（图 4–21）、亭阁式和花塔式六种。

图 4–18　浙江杭州西湖雷峰塔（上图）与保俶塔（下图，均为楼阁式）

图 4-19　河南登封嵩岳寺塔（密檐式）

图 4-20　北京北海琼华岛白塔（覆钵式）

图 4-21　北京大正觉寺金刚宝座塔（金刚宝座式）

（6）石舫

中国古典园林水体中，常见一种仿船形建筑，称为“石舫”。舫底部用石材建造，舫身多为木结构。石舫三面临水，一面靠岸，有平桥与岸连接，类似跳板。

石舫一般分为船头、中舱和尾舱三部分。船头作为敞轩，供游人赏景用。中舱最矮，类似水榭，两侧开长窗，为坐着观景提供宽广的视野，这里是游人休息、宴饮的主要场所。尾舱最高，一般为两层，下实上虚，上层状似楼阁，四面开窗，以便远眺，舱顶一般做成船篷式样，轻盈舒展。

石舫初看像是轩、榭、楼的组合体，细加玩味，其体形空间则寄托着游船、画舫的情调。由于徒具船形而不能行驶，故又名“不系舟”。

石舫在水中，可使人与水接近。身临其中，使人有荡漾于水中之感，是园林中供人休息、游赏、饮宴的场所。

北京颐和园的清晏舫（图 4–22）、江苏苏州拙政园的香洲（图 4–23）都是著名的石舫。

（7）厅堂

厅堂是园林中的主体建筑，是园主人进行会客、治事、礼仪等活动的主要场所，一般位于园林中最重要的位置，既与生活起居有便捷的联系，又有良好的观景环境。厅堂的建筑体型也较为高大，常常作为园林建筑的主体与园林布局的中心。

厅堂的正面一般对着园林中的主要景物，经常采取“厅堂—水池—山亭”的格局，景观开阔，并设置宽敞的平台作为室内外的过渡空间。

图 4-22　北京颐和园清晏舫

图 4-23　江苏苏州拙政园香洲

中国古典园林中的厅堂，按构造分类，用长方形木料做梁架的叫“厅”，用圆料者则称“堂”。按所处位置、形式和功能分类，厅堂可以分为门厅、轿厅、大厅、四面厅、花厅、鸳鸯厅等。

门厅，实际上就是屋宇式的大门，一般在富贵人家的庭院比较常见。它既是大门，又是厅堂。

轿厅，就是用来方便客人停放轿子的厅堂。

大厅，多为园林建筑的主体，用于会客与礼仪活动。面阔三间、五间不等，面临庭院的一边在柱间安装连续长窗（隔扇），两侧山墙也可开窗，供通风、采光之用，比如江苏苏州拙政园兰雪堂。

四面厅，面阔三间至五间，四周绕以回廊，步柱之间安装长窗，不做墙壁，便于四面观景，比如拙政园远香堂（图 4–24）。

花厅，供生活起居兼会客之用，位置多接近住宅，厅前庭院中往往布置花木山石，构成幽静的环境，比如拙政园玉兰堂。

鸳鸯厅，内部分为两个部分，中间用屏风分隔，屏风两面都可以作为客厅使用，比如拙政园的鸳鸯厅南部名为“十八曼陀罗花馆”，北部名为“卅六鸳鸯馆”（图 4–25）。

图 4–24　江苏苏州拙政园远香堂（四面厅）

图 4-25　江苏苏州拙政园卅六鸳鸯馆（鸳鸯厅北部）

（8）馆、轩、斋、室

馆，原为官员的游宴处或客舍，在园林中是一种休憩会客的场所。

轩，一般指地处高旷、环境幽静的建筑物。

斋，本是斋戒的意思，在宗教上指和尚、道士、居士的斋室。园林中的斋，一般处于静谧、封闭的边角小庭园中，比如书斋。

室，多为辅助性用房，配置于厅堂的边缘。

馆、轩也属于厅堂类型，但尺度较小，布置于次要位置。斋、室一般是附属于厅堂的辅助性用房，布局上与主体建筑相配合。

馆、轩、斋、室是园林中数量最多的建筑物，在个体造型、布局方式、建筑与环境的结合上表现出比厅堂更多的灵活性。有时布局极为开敞，以建筑个体形式深入到自然环境中，成为风景画面的重要点缀；有时又与厅堂主体建筑组成建筑群组；有时还独立地组成一个环境幽僻的庭园空间。

在建筑的体量上，它们处于厅堂与亭榭之间，属于中等大小的建筑物，体型变化灵活多样，因此对园林空间的组织、园林景观的面貌起着重要的作用。

（9）园路与铺装

园路是园林内的道路，起着组织空间、引导游览、联系交通，并提供散步、休息场所的作用。它像脉络一样，把园林的各个景区连成整体。园路本身又是园林风景的组成部分，蜿蜒起伏的路线、精美的铺装图案、丰富的文化寓意，都给人以美的享受。

根据园路的功能与宽度，一般分为以下三类：一是主路，即联系园内各个景区、主要风景点和活动设施的路；二是支路，即设在各个景区内的路，联系各个景点，对主路起辅助作用；三是小路，又叫“游步道”，是深入到山间、水际、林中、花丛中，供人们漫步、游赏的路。

中国古典园林多采用自然式布局，因此园路讲究含蓄，宜随地形和景物而曲折起伏，构成“山重水复疑无路，柳暗花明又一村”的情趣，从而丰富景观，延长游览路线，增加层次景深，活跃空间气氛。而在住宅庭院、皇家园林和寺庙园林中，则多采用规则式布局。

园路的形式可以多种多样。在人流聚集的地方或在庭院内，路可以转化为场地；在林间或草坪中，路可以转化为步石或休息岛；遇到建筑，路可以转化为廊；遇到山地，路可以转化为盘山道、山径、石级、岩洞；遇到水体，路可以转化为桥、堤、汀步、栈道。

中国古典园林中，在游人活动较为频繁的地方，都要对地面予以铺装处理，这就是所谓的“铺地”。园林铺地包括园路、广场、活动场地、建筑地坪等。园林铺装以其多种纹样形式来衬托和美化环境、增加园林景致。

中国古典园林在园路铺装设计上形成了特有的风格。

首先是突出装饰性。园路是园景的一部分，应根据景观需要进行设计，路面或朴素、粗犷，或古拙、端庄，或活泼、生动，需要以不同的纹样、质感、尺度、色彩来装饰。例如，江南古典园林中的“花街铺地”（图 4–26），用砖、卵石、石片、瓦片等，组成四方灯锦、芝花海棠、攒六方、八角橄榄景、球门、长八方等多种图案精美、色彩丰富的地纹，形如织锦，颇为美观。

其次是体现主题性。根据不同园林场所的景观题名、环境主题，采用不同的铺装内容，形成具有故事性、图案化的铺地。例如，北京故宫御花园的雕砖卵石嵌花甬路，便是用精雕的砖、细磨的瓦和经过严格挑选的各色卵石拼成的。路面

图 4-26　古典园林的花街铺地

上铺有以寓言故事、民间剪纸、文房四宝、吉祥用语、花鸟虫鱼等为题材的图案，以及“古城会”“战长沙”“三顾茅庐”“凤仪亭”等戏剧场景的图案。

再次是强调寓意性。结合不同的景致和场景，寓情于景，采用不同的宝相纹样来加强铺装的象征意义和文化内涵（图 4-27）。比如用荷花象征“出淤泥而不染”的高洁品德，用忍冬草纹象征坚忍的情操，用兰花象征素雅清幽、品格高尚，用梅花的傲雪凌霜象征意志坚定。

仙鹤寓意长寿　　荷花寓意高洁　　五福捧寿寓意多福多寿

图 4-27　古典园林的宝相纹样铺地

（10）围墙与门窗

漫步古典园林，会感觉到空间层次丰富，相互关联、相互渗透，移步换景，别有洞天。其实，古典园林的实际面积往往并不大，是造园师巧妙运用墙体对空间的界定与引导、围合与沟通等功能，来丰富空间、扩大景深，从而达到空间上以小见大的效果。比如上海豫园便使用多种形式的围墙、门窗，为园林增添了丰富多彩的景观（图 4–28）。

龙墙

砖雕门楼

围墙与园门

洞窗与漏窗

图 4-28　上海豫园丰富多彩的围墙与门窗造型

园林围墙有两种类型：一是园林周边的围墙，起界定范围、安全防护的作用；二是园林内部划分空间、组织景色、安排导游而布置的围墙。

园林围墙既是空间环境设施，又是一种硬质景观。它与花坛、花台、树丛、竹林、山石相结合，可形成具有自然情趣的绿带；与雕塑、水景结合，可形成景观焦点。

中国古典园林的大门，在封建社会是园主社会地位的标杆，故受到广泛重视。特别是明清两代，对宫殿、寺庙、住宅等使用的大门规定了严格的等级，不能随便逾越混用。比如皇家园林都采取宫殿大门的形式，以体现皇权的赫赫威势；私家园林的大门形式，则因园主社会身份的不同而丰富多彩。

从园门的个体形象来说，大体可以分为牌坊门、垂花门、砖雕门楼、屋宇式门等几种类型。古典园林的大门基本都是矩形，但园林内部的门洞则造型各异、形式多样。常见的是圆洞门，又称“月亮门”“月洞门”，仅有门框而没有门扇，还可以做成六角形、八角形、长方形、葫芦形、蕉叶形、宝瓶形、月牙形等不同形状。

中国古典园林中的窗一般可分为洞窗和漏窗（又名“花窗”）两大类。按材质又可分为木窗、玻璃窗、石窗等，其中木窗最常见。按外形则可分为方形、矩形、圆形、六角形、海棠形（四瓣）、梅花形（五瓣）、莲花形、葵花形、葫芦形、汉瓶形等，其中以方形和矩形最为常见。

窗原本只有收集光线、通风透气的功能。在古典园林中，文人雅士们结合诗情画意，给原本简单冷硬的窗赋予了更多内涵。在表现方式上，常常运用象征、隐喻等手法，将宏大而幽深的哲理与审美情趣融入其中，将人引入一种广阔的审美意境。

透过洞窗，游人可以感悟到“尺幅窗、无心画”的魅力。这句话出自清代李渔的《闲情偶寄》，是指各种窗洞对户外风景起到框景、夹景的作用。窗子框住的空间就像是一尺幅纸，窗外的风景就是纸上的画，因此叫“尺幅窗”。而画的内容不是固定的，取决于窗外随机的风景，或春夏秋冬、或晴雨霜雪，不同的时间、不同的心境，看到的都是不一样的画，因此说是“无心画”。此外，杜甫的“窗含西岭千秋雪”、李白的“檐飞宛溪水，窗落敬亭云”等著名诗句也都是因窗得景。

透过花窗，墙外的景致若隐若现、亦真亦幻，别有“花影遮墙，峰峦叠窗”的意趣。

建筑大师贝聿铭先生曾说过：“在西方，窗户就是窗户，它放进光线和新鲜的空气；但对中国人来说，它是一个画框，花园永远在它外头。”

（11）小品与陈设

园林建筑小品是园林中体量小巧、造型新颖，用来点缀空间和增添景致的小型设施，是园林环境中不可缺少的组成要素。它虽不像园林主体建筑那样有着举足轻重的地位，却像绮丽的花朵闪烁在园林中，使园林景观更富于表现力。浙江湖州南浔区近代园林中有很多中西合璧的建筑装饰，就起到了很好的点缀作用（图 4–29）。

园林建筑小品一般位于建筑室外，包括照壁、壁画、雕塑、摩崖石刻、牌坊、花架、园桌、园椅、园凳、栏杆、园灯等设施。

园林建筑陈设，也称为“摆设”“装饰”，常位于建筑室内，陈设在室内空间，起着画龙点睛的作用。

园林建筑中常见的陈设品有家具、玉器、瓷器、古铜器、珐琅器、字画、钟表、香炉、镜屏、挂屏、屏风、隔断等。

一般来说，皇家园林的陈设品风格华丽，主要为了彰显皇家的尊贵；而私家园林的陈设品较为古朴，散发出淡泊致远的文人气息。

懿德堂舞厅主立面上的柱式

懿德堂天井中的线脚

嘉业藏书楼内院一层回廊铸铁栏杆

崇德堂洋楼主立面上的柱式

懿德堂二进砖雕门楼

嘉业藏书楼内院二层回廊铸铁栏杆

懿德堂芭蕉厅轩廊的地砖

懿德堂账房会客室的壁炉

图 4–29　浙江湖州南浔区近代园林中的中西合璧建筑装饰

二、园林建筑景观艺术特色

中国园林建筑艺术是灿烂的中国古代文化的重要组成部分。它是中国古代劳动人民智慧和创造力的结晶，也是中国古代哲学思想、文化艺术等的综合反映。

中国古典园林建筑反映着中国古代的农耕意识，并加入了文人们追求悠闲雅逸的审美趣味，不论规模宏大的皇家宫苑，还是达官显贵们建造的私家花园，都倾向于模仿自然，讲究诗情画意，运用虚实夸张的手法，强调人与自然的沟通，打造身临其境的体验。

从整体布局来看，中国园林建筑大多呈现出等级庄严、对称均衡的结构美和迂回曲折、趣味盎然的自然美两种形式。

1. 观与被观，双重属性

园林建筑是具有时间空间延展性的、有形有色的立体空间艺术，它不同于一般的民用建筑。园林建筑的艺术功能可细分为观景与点景两个方面，观景体现在观赏功能，点景则体现在被观赏功能。

因此，园林建筑既要满足游人观赏自然风景的需要（观景功能），又要成为被观赏的自然景观中的一个内容（点景功能）。两者的功能是并重的，不分高低，缺一不可。比如上海方塔园内的方塔、秋生亭、铁笛舫，既可在此观景，其本身也是园林中的景观之一（图 4–30）。

图 4-30　上海方塔园内的方塔（左图）、秋生亭（中图）、铁笛舫（右图）

2. 欲露先藏，有疏有密

我国古代诗词、绘画十分注重含蓄、曲折、隐晦，追求一种象外之象、弦外之音的艺术境界。

中国的园林建筑营造艺术也是这样，往往认为“露则浅”而“藏则深”。常常采用欲显先隐、欲露先藏的手法，让某些精彩的建筑景观，或隐于偏僻、幽深之处，或藏于山石、树梢之间，使其忽隐忽现、若有若无，达到“近而不浮、远而不尽”的观景目的。极力避免开门见山、一览无余。比如江苏宜兴瀛园内的景墙与水榭，就起到了这样的作用（图 4–31）。

同时，中国书画为求得气韵生动，在全纸布局上必须有疏有密，而不可平等对待，所谓“疏处可以走马，密处不使透风”。园林建筑的布局也毫无例外地恪守这一构图原则。建筑布局疏密有致，便可以产生观赏的韵律节奏感。

图 4–31　江苏宜兴瀛园内的景墙与水榭

3. 高低错落，随形就势

中国古典园林建筑布局要求外轮廓线高低错落、起伏有致，要充满韵律节奏感，使游览者感到它是一种富有层次感的美。若轮廓起伏线杂乱无章，会令游览者产生厌弃感。

为了加强建筑的层次感，园林建筑还讲求利用自然地形的起伏或以人工堆山叠石的方式，使其具有高低错落的变化。这样，游人游览其中，必然会时而登高，时而就低。登临高处时，自上向下俯视，视野开阔，一览无余；下至凹处时，自下向上仰视，视野闭合，高峻幽邃。这种视角的变化，可以丰富游览情趣。

一座完美的园林，无论从仰视的角度还是俯视的角度，都应是无可挑剔、至善至美的。比如浙江杭州孤山西泠印社中的建筑，便随山势布局，上下错落有致（图4-32）。

文泉之上的华严经塔

闲泉之上的题襟馆

潜泉旁的观乐楼、遁庵

印泉旁的鸿雪径、剔藓亭

图 4-32　浙江杭州孤山西泠印社内随山就势布局的建筑

4. 布局得体，动静相宜

建筑空间序列的布局关系到全园的整体结构。一座中国园林，犹如一幅舒展开的中国山水画立体长卷，具有多空间、多视点和连续变化等特点。然而，山水画长卷篇幅很长，是借平面来表现立体空间的；而园林本身就是实实在在的空间艺术，它不仅可以从观赏点上看到静态的效果，而且还可以从游览线上看到动态的效果，所谓“步移景异”，正是这种效果的写照。

造园是为了观赏，故其建筑必然与山池、花木等要素相协调，其体型、大小、位置、色彩均要与周围环境融为一体，做到层次丰富、主次分明，起到烘云托月的作用。花间隐榭、水际安亭、长廊云墙、曲桥漏窗，一定要巧妙而和谐地安排，使之得体相宜。浙江杭州西泠印社便是一座动静安排相宜的园林（图 4–33）。

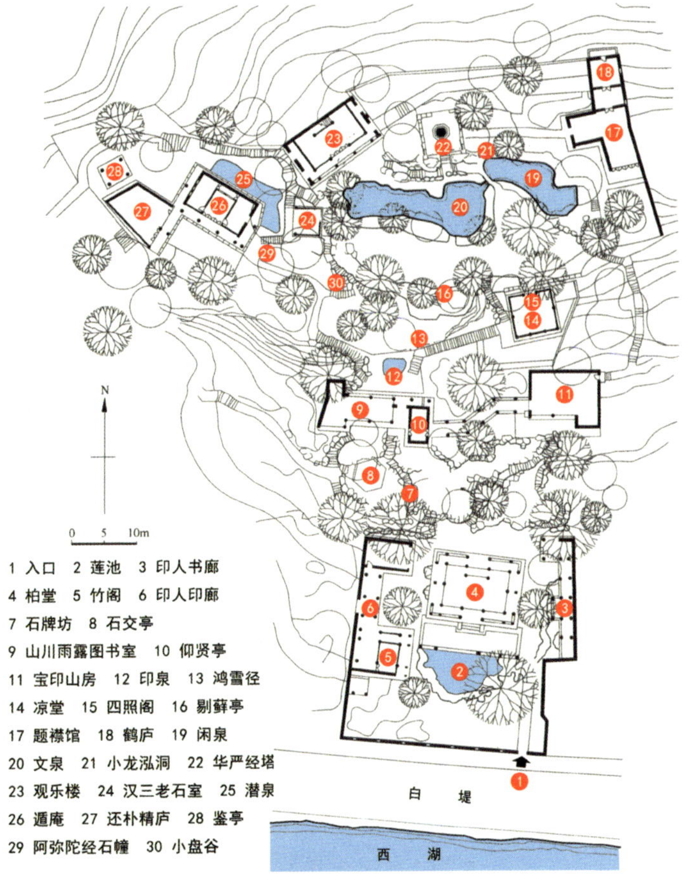

图 4–33 浙江杭州西泠印社平面图

第二节 园林建筑景观营造技法

一、古建筑营造流程

1. 选址

选址是建造古建筑的第一步。在选址的时候，要考虑地形、环境等因素，以确保建筑的稳定和安全。古建筑的选址往往是经过严格的考察和测量的，要符合一定的标准和要求。

2. 规划设计

规划设计是古建筑建造的重要环节。在规划设计的过程中，需要考虑建筑的功能、布局、结构（图 4–34）、装饰等因素。古建筑的设计往往要经过多次修改和完善，直到符合建筑师和业主的要求为止。

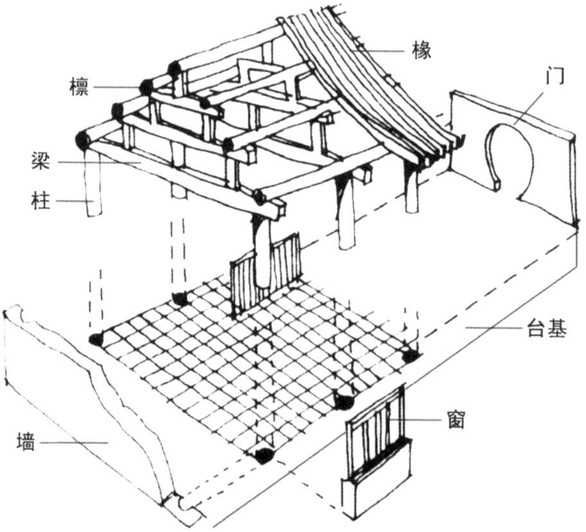

图 4-34 中国传统建筑的形式与结构

3. 基础施工

基础施工是古建筑建造的关键环节，它直接关系到建筑的稳定和安全。在基础施工的过程中，需要进行地基处理、基础浇筑等工作。古建筑的基础往往采用石头、青砖等材料，以确保基础的坚固和耐久。

4. 木构架施工

木构架（可分为抬梁式、穿斗式、井干式等多种构架，图 4–35 展示了前两种）施工是古建筑建造的主要环节。在木构架施工的过程中，需要进行木材的加工、制作、拼接等工作。古建筑的木构架往往采用榫卯结构，以确保建筑的稳定和牢固。

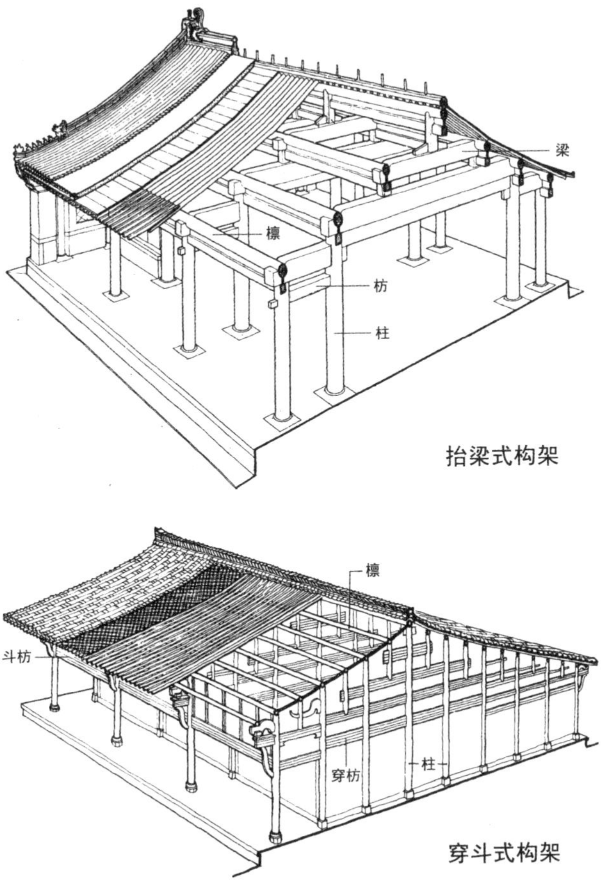

图 4–35 抬梁式木构架与穿斗式木构架示意

5. 瓦木施工

瓦木施工是古建筑建造的重要环节。在瓦木施工的过程中，需要进行瓦片、木材的制作、拼接等工作。古建筑的瓦木往往采用硬山顶、歇山顶等形式，以确保建筑的美观和实用。

6. 装饰施工

装饰施工是古建筑建造的最后环节。在装饰施工的过程中，需要进行涂漆、彩绘、雕刻等工作，以表现建筑的美感和文化内涵。

二、古建筑营造技艺

北京故宫是中国现存规模最大、最完整的宫殿建筑群。它初步建成于明永乐十八年（1420 年），至今已经历六百余年的风风雨雨。故宫能数百年如新地矗立在北京城中央，始终保持其华贵精美、壮丽辉煌的建筑特色，离不开不间断的维修改建。也正因如此，在这漫长的过程中，故宫集历代宫殿建筑技艺之大成，成为我国古代宫殿建筑的典范。

在建造维修故宫建筑的过程中，形成了一套完整的、具有严格形制的宫室古建筑营造技艺。其中最重要的就是“八大作”（图 4–36），所谓“瓦木石扎土，油漆彩画糊”，由瓦作、木作、石作、搭材作（棚架等）、土作、油作、彩画作和裱糊作（窗户等）八项组成，又称“官式古建筑营造技艺”。这些技艺是故宫延续生命力的建筑“密码”，对于中国尤其是北方地区古建筑技术的发展，也起着重要的引领作用。

1. 瓦作

瓦作工艺主要体现在古建筑的地面、墙面、屋顶三个部分。大体内容可分为砌砖基础、砌砖墙、屋顶苫（shàn）背、墁砖地面、墙垣抹饰、刷浆以及调制灰泥浆、砍磨细砖、雕砖和工前的抄平放线等。其中最令人称道的是金砖铺地。金砖通常铺墁在等级较高的殿宇内，它虽非由黄金制成，但属于钦工物料（指奉旨兴造的物料），民间不得使用，明清时期主要产自苏州。

瓦作

木作

石作

搭材作

土作

油作

彩画作

裱糊作

图 4-36　古建筑营造技艺“八大作”

此外，最不起眼的灰的使用也是相当讲究的。在瓦作中，处处用灰，却处处不同。虽然主要材料都是石灰，但瓦作口诀中有“九浆十八灰”的细分，区别了各种灰、浆的配制和适用范围，足以说明用灰技艺的复杂程度。

2. 木作

木作分为大木作和小木作。

大木作主要是指木构建筑最基本的构造体系，规格多样，大部分都是预先加工制作，再运到现场组装，所有构件之间通过榫卯连接，十分牢固。在宫殿建筑木构架中，最引人注目的就是屋檐下的斗拱。斗拱最初是梁、柱之间的过渡层，用来把屋顶的负荷均匀地传到立柱上，不过后来它的力学作用逐渐削弱、装饰作用逐渐增强。故宫内各式各样的斗拱数不胜数，极具美感。

小木作主要负责室内外装修，包括制作精美的落地花罩、隔扇门窗等。在故宫里，大大小小的宫殿各有独特的室内装修，不仅材料极为丰富庞杂，工艺也十分繁复、细腻。

木作是古建筑营造中最重要的一个种类，成就了中国古建筑在世界建筑中独树一帜的地位，而木工更有着“百艺之首”的美誉。

3. 石作

石作工艺是古代土木建筑营造中的一个重要组成部分。自西汉中期以后，石作逐步从采石、石料的分割和平整等方面形成了一套比较完整的工序。故宫保和殿后的御路上，名为“云龙阶石”的汉白玉石雕，就是明清石作官式工艺的重要代表，形象生动、雕饰精美。

4. 搭材作

搭材作主要包含架木搭设、扎彩、棚匠的内容。据《清宫述闻》记载，清光绪帝大婚时搭建的彩棚“高卑广狭无少差，至榱桷（cuī jué，指屋椽）之纹花、鸱吻之雕镂、瓦沟之广狭，无不克肖，虽久执事内廷者，不能辨其真伪。而且高逾十丈，栗冽之风，不少动摇”。简言之，这次搭建的彩棚，不仅外形与宫殿一模一样，而且非常坚固，令人叹为观止。

5. 土作

土作是传统建筑中关于台基、地基等土方工程的营造技艺。古建筑基础灰土技术的推广、普及时期是在明代，成熟完善则是在清代。六百年来，通过土作技术营造出的紫禁城地基，坚固、耐久、稳定，成为承载连绵殿宇重要的根基。

6. 油作

油作主要内容分为地仗和油皮两项。地仗是一种传统的土木工程技法，即在木质结构上覆盖一种衬底以防腐防潮，多数时候为了美观而做油饰彩绘。传统的地仗做法是一麻五灰，用发制的血料、熬制的桐油、灰料等，配以线麻或苎布，经过十三道工序加工而成，从而对木结构进行修饰与保护。油皮则是在地仗上搓制而成，通常为红色樟丹，颜色光亮均匀。

7. 彩画作

彩画通常包裹在木结构表面，按位置不同分为外檐和内檐。彩画的种类大体分为三种，即和玺彩画（等级最高）、旋子彩画和苏式彩画（主要用于园林建筑中）。但无论哪种彩画，工序都基本相似，即起谱子、落墨、扎孔、纹饰、沥粉、贴金、刷色、细部等。在相似的工序下展现不同风貌的彩画，其关键就在于工匠的手艺。目前清代彩画的制作工艺较为完整地保留了下来，并且运用到故宫大修中，例如太和殿重做的外檐金龙和玺彩画。

8. 裱糊作

裱糊作是传统建筑中为室内施以纸张裱糊的营造技艺。顶棚、墙面、门窗在裱糊工艺装饰下，不仅为森严庄重的宫殿增添了清雅别致的美感，还起到防潮、防尘、保温的作用。

第三节 园林建筑景观营造案例

与西方园林相比，中国古典园林中建筑比重较大，特别是文人士大夫的私家园林更是如此。比如白居易在《池上篇并序》中说，他在洛阳的宅园便是“屋室三之一，水五之一，竹九之一”，可见建筑在园林中地位之重要。

一、北京故宫建筑上的瑞兽

北京故宫是明清两代的皇家宫殿，旧称“紫禁城”，位于北京城中轴线的中心。故宫以太和、中和、保和三大殿为中心，占地面积约72公顷，建筑面积约15公顷，是世界上规模最大、保存最为完整的木结构宫殿建筑群，也是国家AAAAA级旅游景区，1961年被列为第一批全国重点文物保护单位，1987年被列为世界文化遗产。

故宫中的建筑分为外朝和内廷两部分，共有大小宫殿七十余座，房屋九千余间。在这些金碧辉煌的重重宫阙的屋脊上，装饰着十分精美的各式瑞兽，它们不仅有镇宅化煞、驱邪迎祥的吉祥寓意，也用几百年来的同一个姿势，为故宫建筑群增添了无穷的文化意蕴。

在中国的祭祀文化、图腾文化、宗教文化、神话传说等文化形式的碰撞交融下，出现了龙、凤、麒麟、貔貅（pí xiū）、朱雀、玄武等瑞兽。它们虽不存在于自然界，但都是以实际动物为原型衍变而来的。如象征皇权的龙（图4–37）：鹿角、驼头、兔眼、蛇项、蜃腹、鱼鳞、鹰爪、虎掌、牛耳；象征吉祥的凤：鸿前、麟后、蛇首、鱼尾、龙纹、龟身、燕颌、鸡喙、骈翼；象征祥和的麒麟（图4–38）：狮头、麋身、鹿角、虎眼、龙鳞、牛尾；象征福禄的貔貅：龙头、狮身、羊角、鹿耳、虎爪、凤尾。

在故宫建筑装饰中，最有名的是五脊六兽。在古代建筑屋顶的屋脊上，都会安放兽件进行装饰。其中，正脊上安放吻兽（又叫“螭吻”“鸱吻”，均读作chī wěn）或望兽（图4–39），垂脊上安放垂兽，戗脊上安放戗兽，角脊上安放角兽，屋脊边缘处安放仙人走兽，另在翼角安放套兽。吻兽（或望兽）、垂兽、戗兽、角兽、仙人走兽、套兽，合称“五脊六兽”，或简称“脊兽”（图4–40）。

图 4-37 北京故宫皇极门外九龙壁局部

图 4-38 北京故宫慈宁门前麒麟

图 4-39　正脊上的望兽（左图，嘴朝外）、吻兽（右图，嘴朝内）

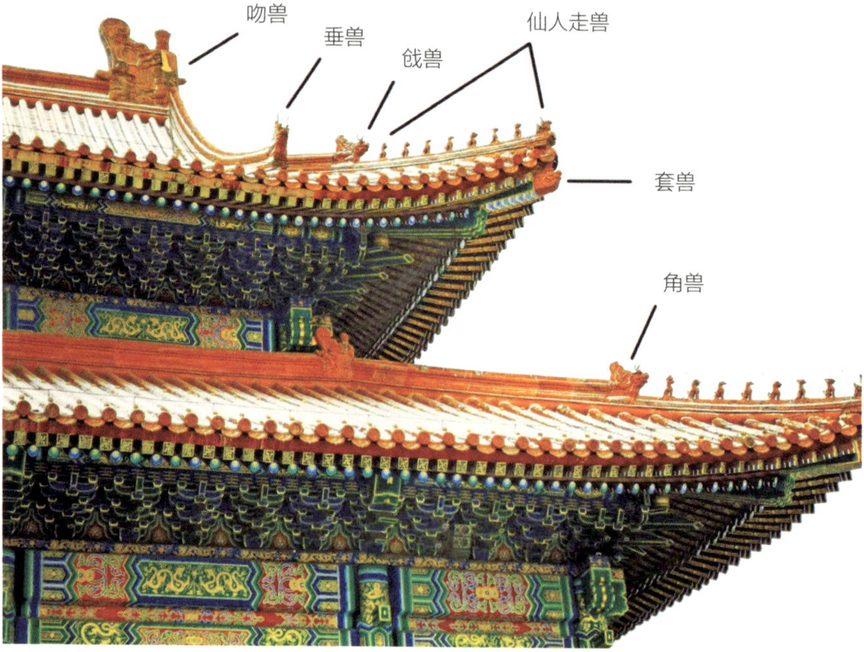

图 4-40　古代建筑屋顶装饰的脊兽

在五脊六兽中，走兽也叫“小兽”，宋代称为“蹲兽”。走兽一般由骑凤仙人（也叫“仙人指路”）带领，数量为奇数，九为最高，依次递减。例如，天安门、保和殿、皇极殿为九个，太和门、斋宫、中和殿为七个，东西六宫、昭德门及景运门为五个。而在故宫太和殿的屋顶上则有十个走兽（图 4–41、图 4–42），表示规格至高无上。《大清会典》规定走兽的排列顺序为：龙、凤、狮子、天马、海马、狻猊（suān ní）、押鱼、獬豸（xiè zhì）、斗牛、行什（háng shí，也作“行拾”）。其中天马与海马、狻猊与押鱼位置可以互换。骑凤仙人和走兽具体寓意如下：

骑凤仙人：一人骑在凤形的兽上，位于角脊的最前端，表示前方已经无路，只能骑凤飞行，寓意逢凶化吉。

龙和凤：都是瑞兽，代表皇帝至高无上的尊贵。

狮子：是兽中之王，寓意勇猛威严。

天马和海马：象征皇帝的威德通天入海。

押鱼：是海中的异兽，可兴云作雨，寓意灭火防灾。

狻猊：传说中是能食虎豹的猛兽，寓意护佑平安。

獬豸：是一种似龙有尾、似狮有角的神兽，可以明辨是非，象征皇家的光明正大。

斗牛：是一种有龙的神态而外形似牛的异兽，可兴云作雨、镇火防灾。

行什：只有北京故宫太和殿才有，有人认为它是一种背生双翅的猴，手持金刚宝杵，寓意降妖除魔、避雷驱灾。

图 4–41　北京故宫太和殿屋顶上的走兽

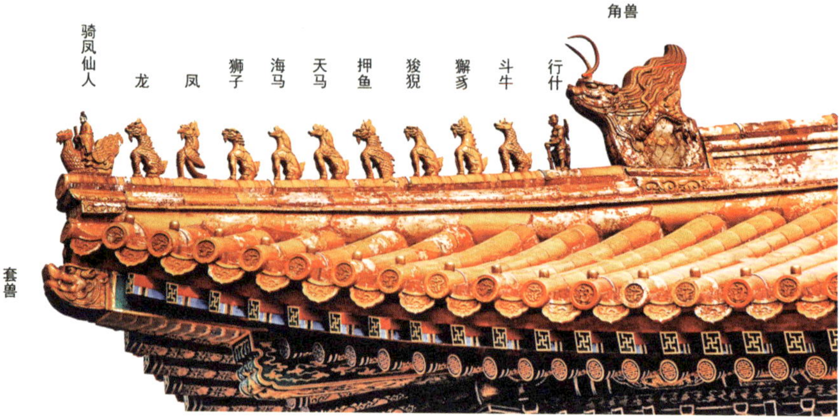

图 4-42　北京故宫太和殿屋顶的瑞兽装饰

二、《红楼梦》大观园建筑景观

曹雪芹在《红楼梦》一书中，为我们描绘了一座极为优美动人的园林——大观园（图 4-43）。曹雪芹借元妃之口，吟诵了一首《题大观园》绝句："衔山抱水建来精，多少工夫筑始成。天上人间诸景备，芳园应赐大观名。"这首诗既说明了这座园林名称的由来，又高度概括了它的精美。

图 4-43　清代孙温《全本红楼梦图》之大观园全

《红楼梦》第十七回描写大观园工程基本就绪，贾政、贾宝玉及众宾客一边赏景，一边为园中各景致、建筑题名赋诗。众人在贾政带领下的游园路线，暗示了大观园的基本布局形式：从正门进入，翠嶂首先映入眼帘，曲径通幽处、沁芳亭沿景观轴线依次排列；划船穿过水塘，途经潇湘馆至稻香村；再次涉水至蘅芜苑，徒步行至沁芳闸出园，怡红院作为结束全园景观轴线的最后一处节点，游览路线至此结束。

位于北京市西城区南菜园西街的北京大观园，便是一座再现古典文学名著《红楼梦》中大观园景观的仿古园林。其与作品中的文字描写以及清代孙温所绘《全本红楼梦图》可相互对照，帮助了解曹雪芹笔下大观园的样貌。

1. 曲径通幽处

这是大观园大门内假山翠嶂的景名——一座被攀缘植物缠绕的小型假山（图4–44、图4–45）。贾政认为，没有这组假山的布置，园中景物将直接暴露在游览者眼前，就缺少了私家园林的蜿蜒变化之趣。可见，并不作为主要景观存在的假山，起到了欲扬先抑的障景作用。

贾宝玉选用“曲径通幽处，禅房花木深”的诗句为入园假山命名，指出需从假山的山洞中穿行而过，才能进一步探索别有洞天的内部园景。入口的曲折幽暗衬托出园中景观的丰富开阔，多层次的景深感会为游览者带来丰富的空间体验。

图4-44 北京大观园大门及曲径通幽处

图4-45 清代孙温《全本红楼梦图》之曲径通幽处

2. 沁芳亭

该亭位于翠嶂正北方向（图 4-46、图 4-47），建于沁芳桥上。穿过曲径通幽处的石洞，葱郁的植物丛中有一条清澈的带状溪流。水上有一座小桥，桥上有一座临水的景亭，贾宝玉为亭题“沁芳”二字：“沁”字迎合了此处的水景，“芳”字则由溪流两畔盛放的花卉而来。

此题名将溪水的流动与花木的芬芳完美结合起来，亭上还有一副对联：“绕堤柳借三篙翠，隔岸花分一脉香”，展现了水体与花木交相辉映的情景。

图 4-46　北京大观园沁芳亭

图 4-47　清代孙温《全本红楼梦图》之沁芳亭

3. 潇湘馆

此院内屋舍在墙周密竹的掩映下若隐若现，白墙翠竹相配，平添几分清逸疏离之感。元妃游历此处，根据院前大片湘妃竹林赐名“潇湘馆”（图4–48、图4–49）。

这里隐含了湘妃竹名称来源的典故：传说舜帝死后被葬在湘江之畔，他的妃子娥皇、女英追寻至此，心碎的泪水滴洒在江边的竹子上，竹叶上形成了泪珠状的斑纹，湘妃竹的美名便由此而来。屋舍某种程度上体现了屋主人的气质。住在潇湘馆的是林黛玉，单从名称看，屋舍便有几分潇洒清丽的气息，湘妃竹的文化内涵也暗示了黛玉多愁善感、易感伤落泪的人物属性。

在元妃省亲期间，贾宝玉为潇湘馆所题对联为：“宝鼎茶闲烟尚绿，幽窗棋罢指犹凉”，并题匾“有凤来仪”，描述出了此处景观之雅致。

图4–48　北京大观园潇湘馆

图4–49　清代孙温《全本红楼梦图》之潇湘馆

4. 稻香村

此为大观园内颇具田园气息的一处院落（图 4–50、图 4–51）。屋舍外立面的矮墙由黄泥筑成，干枯的稻茎竖立在墙头，用作视觉上的遮挡。房前屋后，栽植上百棵杏花，其怒放之色犹如天边绯红的霞光。

贾宝玉联想到唐寅的诗句“红杏梢头挂酒旗”，恰逢眼前杏花盛放，于是题额为“杏帘在望”；再结合诗句“柴门临水稻花香”，得出稻香村的题名，并题联为“新涨绿添浣葛处，好云香护采芹人”。

图 4–50　北京大观园稻香村

图 4–51　清代孙温《全本红楼梦图》之稻香村

5. 蘅芜苑

这是薛宝钗的居所，贾宝玉选用《离骚》中香草的名称“蘅芜”作为此处的题名（图 4–52、图 4–53）。以香草为名，突出了宝钗的端庄气质，其选字来源于文学作品，在一定程度上也暗示了宝钗的才华。

蘅芜苑位于山阴处的冷湿之地，山石间蔓生出藤本香草，颜色各异的多种植物互相依附攀缘，散发出浓郁的香气，和宝钗德才兼备、理性胜于感性的疏离气质相匹配。

贾宝玉为之题额为“蘅芷清芬”，对联则为：“吟成豆蔻诗犹艳，睡足荼蘼梦也香。”

图 4–52　北京大观园蘅芜苑

图 4–53　清代孙温《全本红楼梦图》之蘅芜苑

6. 怡红院

这是男主角贾宝玉的住所（图 4–54、图 4–55）。院中点衬几块山石，一边种几本芭蕉，绿意盎然；另一边是一株西府海棠，花团锦簇。西府海棠粉红繁密的花朵，与芭蕉青翠宽阔的大叶片互相衬托，在颜色、体量及质感方面形成了强烈的对比。

元妃赐予此处“怡红快绿”的题额，短短四个字，成功地将丰富的景观及愉快的氛围概括出来，再合适不过了。

图 4–54　北京大观园怡红院

图 4–55　清代孙温《全本红楼梦图》之怡红院

第五章
园林植物景观营造

北宋画家郭熙在《林泉高致》中说："山以水为血脉，以草木为毛发……故山得水而活，得草木而华。"可见，园林中有了植物才会有生机，从而呈现出华丽、光彩之美。也只有树木葱茏、繁花似锦，方能显出园林的秀美。

中国古典园林，从最初的台、苑囿、园圃，到明清时期雄伟辉煌的皇家园林，植物一直是造园者传达精神的重要寄托。

古典园林中的植物多采用师法自然的造景方式。植物在园林中最初只具有满足生产、生活所需等实用功能。随着人们审美水平的提高，园林植物的形式美、色彩美逐渐被应用到园林营造中。受哲学、美学等文化思想的影响，人们逐渐认识到，植物还可以表达人的品格、寄托情怀，从而衍生出独特的植物文化内涵。

第一节 园林植物景观营造艺术

一、园林植物景观分类

中国园林被喻为“世界园林之母”。据统计，全世界园林植物共约三万种，其中常见栽培的约六千种；而中国原产园林植物约一万五千种，常见栽培的也约有两千种。

园林植物种类繁多，分类方法多样，常用的有如下三种：

按生物学特性划分，可分为木本（园林树木）和草本（园林花卉）两大类。其中园林树木又可分为乔木类、灌木类、藤本类、竹类、棕榈类等；园林花卉又可分为一二年生花卉、多年生花卉（包含宿根花卉、球根花卉）、攀缘及蔓性花卉、兰科花卉、水生花卉、蕨类植物、多浆植物等。

按观赏特征划分，可分为观形类、观叶类、观花类、观果类、观枝干类、观根类等。

按园林用途划分，可分为花坛类、绿篱类、防护类、地被类、庇荫类、攀缘类、棚架类、行道类、盆景类等。

这里按生物学特性的分类，简要介绍各类园林树木和园林花卉的特点。

1. 园林树木

园林树木是适于在城乡园林绿地以及自然风景区栽植应用，并且具有观赏价值的木本植物。根据其生活型（指具有相似形态结构特征的植物群）的不同，又分为乔木类、灌木类、藤本类、竹类及棕榈类。

（1）乔木类

乔木的树体高大，通常高数米至数十米，少数种类可达百米以上；有明显的主干，分枝部位较高。乔木依据高度的差异可分为：伟乔（大于 31 m），比如北美红杉、鹅掌楸（图 5–1）等；大乔（21 ~ 30 m），比如榆树、香樟、国槐等；中乔（11 ~ 20 m），比如旱柳、桑树、合欢等；小乔（6 ~ 10 m），比如二乔玉兰（图 5–2）、桃树、海棠等。

图 5-1　鹅掌楸

图 5-2　二乔玉兰

（2）灌木类

灌木的树体矮小，通常高度小于6 m而无明显主干，多数呈丛生状，如连翘（图5-3）、迎春、棣棠（图 5-4）等。

图 5-3　连翘

图 5-4　棣棠

（3）藤本类

藤本类是指能缠绕或者攀附他物向上生长的木本植物。依据其攀缘习性的不同，可分为四类。第一是缠绕类，茎干细长，能够沿有一定直径的支持物左旋或右旋缠绕而生长，比如紫藤（图 5-5）、铁线莲、猕猴桃等。第二是卷须类，茎、叶或者其他器官变态为卷须，缠绕其他支持物而生长，比如葡萄、蛇葡萄等。第三是吸附类，依靠气生根或吸盘分泌的黏液黏附于其他支持物而生长，比如地锦、凌霄（图 5-6）等。第四是钩攀类，依靠植株本身的钩刺攀缘或枝条先端缠绕于其他支持物而生长，比如野蔷薇、悬钩子、叶子花等。

图 5-5　紫藤

图 5-6　凌霄

（4）竹类

竹类是再生性很强的植物，其地下茎称为“竹鞭”，地上部分称为“竹秆”。有明显的节，节与节之间的茎中空。园林常见的竹类有孝顺竹、粉单竹（图 5–7）、毛竹（图 5–8）、刚竹等。

图 5-7　粉单竹

图 5-8　毛竹

（5）棕榈类

棕榈类是棕榈科常绿乔木或灌木，因其形态独特、独具热带风光，故经常被单列一类。该类植物树干为圆柱形，茎单生或丛生，叶簇生于干顶，羽状或掌状裂纹深达中下部，常残存有老叶柄及其下部的叶鞘。园林中常见的棕榈类植物有棕榈（图 5–9）、加拿利海枣、椰子（图 5–10）、散尾葵等。

图 5-9　棕榈

图 5-10　椰子

2. 园林花卉

园林花卉是适用于园林和环境绿化、美化，并且具有一定观赏性的草本植物。按照生活周期和地下部分形态特征的不同，可将园林花卉分为一二年生花卉和多年生花卉，其中多年生花卉包括宿根花卉、球根花卉两种。此外，园林花卉还包括攀缘及蔓性花卉、兰科花卉、水生花卉、蕨类植物、多浆植物等。

（1）一二年生花卉

一二年生花卉是指在一个或两个生长周期内完成生活史的花卉。其中一年生花卉是在一个生长周期内完成其全部生活史的花卉，一般春季播种，夏秋开花结实，冬季来临时死亡，比如百日草、凤仙花、波斯菊（图 5-11）等。二年生花卉是在两个生长周期内完成其全部生活史的花卉，通常秋季播种，翌年春季开花、结实，在炎夏到来时死亡，比如紫罗兰（图 5-12）、花菱草等。

图 5-11　波斯菊

图 5-12　紫罗兰

（2）多年生花卉

①宿根花卉

宿根花卉是多年生花卉（个体寿命两年及两年以上的植物）中，地下根系正常、不发生变态、可多次开花结实的花卉，比如芍药（图 5-13）、萱草、玉簪（图 5-14）等。

图 5-13　芍药

图 5-14　玉簪

②球根花卉

球根花卉是多年生花卉中，地下器官变态肥大，依靠其贮存的营养度过休眠期的可多次开花的花卉，比如郁金香（图 5-15）、百合（图 5-16）、水仙等。

图 5-15　郁金香

图 5-16　百合

（3）攀缘及蔓性花卉

攀缘及蔓性花卉是指茎干柔弱无法直立，借助于各种攀附器官攀缘他物向上生长或匍地蔓生的草本植物。根据向上攀爬方式的不同，可分为茎枝缠绕、卷须攀缘、气根攀缘、吸盘吸附等种类。这类花卉是美化篱垣棚架的优良材料，比如西番莲（图 5-17）、牵牛花（图 5-18）、蔓长春花等。

图 5-17　西番莲

图 5-18　牵牛花

（4）兰科花卉

兰科花卉是单子叶植物中最大的科，因形态、生理、生态都具有共性和特殊性而单独成为一类花卉，主要有中国兰和洋兰两大类。中国兰又称“国兰”“地生兰”，是指兰科兰属的少数地生兰，比如春兰（图 5-19）、蕙兰、建兰、墨兰、寒兰等。一般花较少，但芳香，花和叶都有观赏价值。洋兰是民众对国兰以外的兰花的称谓，主要是热带兰。常见栽培的有卡特兰、蝴蝶兰（图 5-20）、兜兰、石斛、万代兰等。一般花大、色艳，但大多没有香味，以观花为主。

图 5-19　春兰

图 5-20　蝴蝶兰

（5）水生花卉

水生花卉泛指用于美化园林水体，布置于水边、岸边及潮湿地带的花卉，可以分为四类。第一类是挺水花卉，即根生长于泥土中、茎叶挺出水面之上的花卉，比如荷花、香蒲、水葱等。第二类是浮水花卉，即根生长于泥土中、叶片漂浮于水面或略高于水面的花卉，比如菱、睡莲（图 5–21）等。第三类是漂浮花卉，根伸展于水中、叶浮于水面、随水漂浮流动、在水浅处可生根于泥中的花卉，比如凤眼莲（图 5–22）、浮萍等。第四类是沉水花卉，即根生于泥中、茎叶全部沉于水中或水浅时偶尔露于水面的花卉，比如狐尾藻、苦草、金鱼藻等。

图 5-21　睡莲

图 5-22　凤眼莲

（6）蕨类植物

蕨类植物也称“羊齿植物”，是陆生植物中最早分化出维管系统的植物类群，既是高等的孢子植物，又是原始的维管植物，比如铁线蕨（图 5–23）、肾蕨（图 5–24）、凤尾蕨等。蕨类植物是优良的观叶植物类型之一，不仅是重要的盆栽室内观赏植物，也可种植于园林中的荫蔽之地，形成优美的地被景观。

图 5-23　铁线蕨

图 5-24　肾蕨

（7）多浆植物

多浆植物，也叫“多肉植物”，广义上指茎、叶特别粗大或肥厚，具有发达的贮水组织，并在干旱环境中有长期生存力的一类植物。多数原产于热带、亚热带，喜欢干旱、炎热及强光条件，不耐寒冷和水涝。多浆植物依形态特点可分为三类。第一类是仙人掌型，茎粗大或肥大，块状、球状、柱状或叶片状，肉质多浆，绿色，代替叶进行光合作用，茎上常有棘刺或毛丝，叶一般退化或短期存在，比如仙人掌、仙人球（图5–25）等。第二类是肉质茎型，通常具有明显的肉质地上茎，还具有正常的叶片进行光合作用，茎通常无棱，也不具棘刺，比如瓶子树、酒瓶兰等。第三类是肉质叶型，主要由肉质叶组成，叶既是主要的贮水和光合器官，也是观赏的主要部分，形态多样，大小不一，茎或短而直立、或细长而匍匐，比如燕子掌（图5–26）、绿铃等。

图5-25　仙人球

图5-26　燕子掌

二、园林植物景观艺术特色

建筑史学家杨鸿勋先生在《江南园林论》一书中总结性地提出了植物材料的九大造园功能，即：隐蔽园墙、拓展空间，笼罩景象、成荫投影，分隔联系、含蓄景深，装点山水、衬托建筑，陈列鉴赏、景象点题，渲染色彩、突出季相，表现风雨、借听天籁，散布芬芳、招蜂引蝶，根叶花果、四时清供。

可见，园林植物作用多样、功能强大，一直以来都是园林中运用最为广泛的素材，与山石、水体、建筑等共同构成了中国古典园林四大基本要素，具有不可或缺的地位。

著名园林建筑大师童寯先生在《江南园林志》中说："园林无花木则无生气。"植物与园林可谓相互依存、相互衬托。园因木而古，木因园而神，我们能从一株株经历成百上千年风雨的参天古木中感受到这些古典园林瑰宝的古老沧桑，也能从雅致的园子中欣赏到植物自然生长的生动姿态。

1. 四季有景，五感体验

"水柳摇病绿，霜蒲蘸新黄……波明荇叶颤，风熟苹花香。"这是南宋诗人范成大描写秋季植物景观的几句真实质朴的诗文。画面有动有静，姿、色、香俱美，这正是园林植物景观的艺术魅力。

园林植物的美在于其色、香、姿、声，即色彩美、香味美、姿态美和声音美。

植物的色彩美、香味美、姿态美，体现在叶、花、果、枝、干等在一年四季的轮回转换中变化自己的颜色，散发不同的芬芳，展现出千姿百态的美妙，突出无限的艺术美感。在不同的时令，植物的颜色、姿态与香味处于不断变化中。春天嫩叶繁花，夏天绿树成荫，秋天彩叶佳果，冬天遒干枯枝，这种生命律动的节奏，犹如一幅动态画卷，让人为之流连忘返（图 5–27）。

声音的塑造向来是中国古典园林的重要内容，而园林中很多声音景观都是通过植物来实现的。风中柳浪、万壑松风、风动竹篁、雨打芭蕉、残荷听雨，各有风情，增添了园林的诗情画意。

人们对植物景观的欣赏，是由生理的审美感知引发到心理触动的过程。植物的姿态、色彩、气味、质感、声音等，会引发人的视觉、嗅觉、触觉、听觉等多种生理感知。

在对园林植物景观的感知过程中，很多时候，人的眼睛是最先捕捉到景物的，或者被姿态所吸引，或者被色彩所震撼；有时也会先被声音所打动，伴着好奇心，人才会靠近景物，才开始闻其香、观其色、触其体，进而品其味、悟其韵。

因此，游人的植物景观感知活动是有先后主次之分的。人的视觉、听觉和嗅觉感知起着主导性作用，而触觉、味觉以及心理感受则发挥着不可忽视的辅助作用。

图 5-27　江苏南京玄武湖四季植物景观（左上图为春樱，右上图为夏荷，左下图为秋叶，右下图为冬枝）

2. 师法自然，生态造景

园林植物造景的第一条原则是科学性，指要遵循植物生长的自身规律及对环境条件的要求，因地制宜、适地适树，合理科学地配置，使各类喜阳耐阴、喜湿耐旱的植物各得其所。各类植物共生共存，充分发挥它们的各种生态功能，形成种类丰富、结构合理、层次分明、生机勃勃的植物景观。

简而言之，就是人们常说的“师法自然”。这包含了以下三层含义：

其一，植物是生命个体，任何植物都有其生命周期和生长发育规律，植物造景的过程首先要遵循这些自然赋予植物的规律。

其二，植物的生长与周围的环境因子有着密不可分的关系，不同的植物要求不同的生长环境，植物与其生长的环境因子相互协调一致，才能最终体现出植物的各种自然美。

其三，自然植物群落都有其发生、发展、演替、消亡的基本规律，植物造景必须从丰富多彩的自然植物群落及其表现的形象汲取创作源泉。掌握自然植物群落的物种组成、外貌、季相、结构等，这样才能使形成的景观最大限度地接近自然。

其实，中国传统山水画在绘制植物时，模拟的就是自然中的植物，根据画笔技法的详细程度不同，可以分为草丛、孤植树、丛植树三类（图 5-28）。中国古典园林将这种分类方式和植物配置方式继承了下来，模拟自然转变为模拟画谱，更加简便易行。同时，中国古典园林中还善于运用欲扬先抑、以小见大等手法，造成视觉错觉，即使是在很小的空间中，也可以利用“三五成林”的手法，营造“咫尺山林”的效果。

图 5-28　清代王概等《芥子园画谱》中的草丛、孤植树、丛植树画法

3. 艺术构图，巧妙布景

艺术性是园林植物造景的第二条原则。植物造景并不是将各类植物材料机械地堆砌，正如英国景观设计师南·费尔布拉泽（Nan Fairbrother）所说："几种有幸被选中的植物种在一起不叫景观设计，正如断章残句的组合不叫诗歌一样。"

植物造景的艺术性是在满足植物与环境相互适应的基础上，通过艺术构图原理，巧妙而充分地利用构景要素，即植物的形体、色彩、线条、质地、肌理等进行构图，体现出植物个体及群体的形式美，使其成为多角度的三维动态画面（图 5-29、图 5-30）。

植物造景表现出的是多维艺术功能，主要体现在与其他造园要素的配比协调上，例如对空间的分隔和拓展、对整体色彩的渲染、对建筑的烘托、与水体的相映成景、与山石的相得益彰、与园路的协调布景等。

中国古典园林中，造园者对于每一株、每一组植物的布置都是巧妙的，有枫林遍布、溢彩流丹，有梨园落英、轻纱素裹，有苍松翠柏、峰峦滴翠，有杨柳依依、婀娜多姿等不同植物花色、叶色的变化，并巧妙地利用花形、叶形的差异，力求与周围建筑、水体、山石的巧妙结合，看似随意布置，实则独具匠心。

图 5-29　杭州西湖郭庄如画般的植物景观（1）

图 5-30 杭州西湖郭庄如画般的植物景观（2）

4. 寄情于景，意境深远

寄情于景，情景交融，是为造园的最高境界。中国古典园林除了是一种别致的视觉艺术，还融合有嗅觉、听觉、触觉等其他感官的体验，并通过协同运用这些感官感受，展现深远、优雅的意境美。

古人在种植花草树木时，较为讲究传统文化赋予植物的文化内涵，选用植物时，经常会采用比德、比兴等手法，以体现植物的风韵美。

比德又叫“君子比德”，是将文人士大夫（君子）的某种道德情操与自然事物的某些特征联系起来的审美观。比德思想赋予了园林山水、鱼虫、花木以完善的人格，体现了士大夫对自身人格完善的不断追求，对中国古典园林的风格形成有着深远的意义。

中国古典园林中常见的植物配置方式——“四君子（梅、兰、竹、菊）”“岁寒三友（松、竹、梅）”“三益之友（梅、竹、石）”“五清（松、竹、梅、月、水）”“五瑞（松、竹、萱、兰、石）”等，均源于比德思想。

而比兴则是赋予花草树木以一定的象征寓意，借植物形象含蓄地传达某种情趣、理趣。比如，石榴多籽，有多子多福之意；桂花寓意为“折桂”中状元；桑梓代表故乡；紫荆开放时花团锦簇，象征兄弟和睦、家业兴旺；葫芦谐音“福禄”，象征财富、富贵；玉兰花、海棠花、牡丹组合在一起，象征“玉堂富贵”（图 5–31、图 5–32）；玉兰花、海棠花、迎春花、牡丹、桂花组合在一起，象征“玉堂春富贵”；等等。

图 5–31　明代陈嘉选《玉堂富贵图》（北宋徐熙本）

图 5–32　清代邹一桂《玉堂富贵图》

第二节 园林植物景观营造技法

一、园林植物景观营造流程

1. 种植规划

种植规划是指根据种植地的基本条件，明确种植的意义和目标，对植物景观的主题、功能、效果等规划方向进行定位，明确种植空间的形象构成。

2. 种植设计

种植设计分为种植基本设计和种植施工设计。

种植基本设计是在规划的基础上，对规划的内容进行现场检验，并进行与其他规划要素的协调工作，确定种植施工实施的方向。在此基础上，进行树种的选择和植物配植等基本设计。

种植施工设计是基于种植基本设计，对相关的部分进行详细的调整，决定种植树木的树种、形状、大小等，准备必要的施工详图以及施工费用预算等资料。

3. 种植施工

种植施工是基于种植施工设计的植物种植规划与现场相对应，在所规定的工期内开展合理的施工过程（图 5–33）。种植施工一般包括以下步骤：

（1）种植前的整地和土壤处理

园林植物种植地的土壤条件十分复杂，因此，种植前的整地工作既要做到严格细致，又要因地制宜。同时，整地应结合地形处理一起进行，除满足树木生长发育对土壤的要求外，还应注意地形地貌的美观。

（2）定点放线

定点放线分为自然式、整形式、等距弧线式等形式，一般采用坐标定点、仪器测量、目测等方法确定种植点位，然后在地面用白灰洒点或打桩，以标明树种、栽植数量（灌木丛树群）、坑径等。

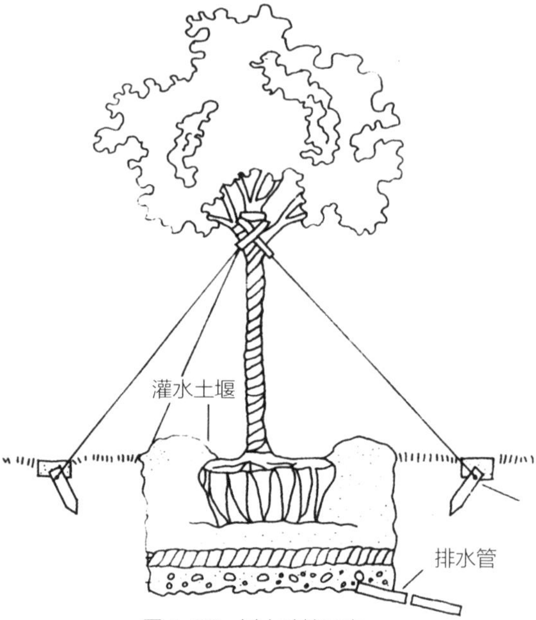

图 5-33　树木种植示意

（3）挖种植穴（槽）

种植穴（槽）挖掘前，应向有关单位了解地下管线和隐蔽物的埋设情况。

挖穴时，首先以定植点为圆心，以穴的规格的 1/2 为半径画圆，用白灰或铁锹在地面做好标记。然后沿标记向外起挖，将圆的范围挖出后，再继续深挖。切忌一开始就把定点的白灰挖掉或将木桩扔掉，这样穴的中心位置会出现位移。最后种植穴应有足够的大小，以容纳树木的全部根系并令其舒展开。另外，要避免栽植过深或过浅，阻碍树木的生长。

（4）种植

应根据树木的习性和当地的气候条件选择最适宜的种植时期进行种植。

树木种植应符合三条规定。第一，种植裸根树木时，应在种植穴底填土，呈半圆土堆，置入树木，填土至 1/3 时，应轻提树干，使根系舒展并充分接触土壤，然后随填土分层踏实。第二，种植带土球树木时，必须踏实穴底土层，而后将树木置入种植穴，填土踏实。第三，绿篱成块种植或群植时，应以从中心向外的顺序退植，坡式种植时则应从上向下种植，大型块植或不同彩色丛植时，宜分区分块种植。

（5）筑堰浇水

栽植树木后，应在直径略大于种植穴的周围筑高约 15 cm 的灌水土堰，土堰应筑实、不得漏水。树木种植后，应及时浇透定根水，并注意缓浇慢浇，隔日再浇水一次。遇到天气干燥时，需适时浇水。常绿树还需向树冠喷水，以减少水分蒸发。浇水过程中，如果发现土壤下陷或树木倾斜，应及时扶正、培土。浇水后，应及时封堰整平。

（6）立支架

立支架是为了防止植株被人为伤害或被风吹倒，同时也有使树干保持直立的作用。目前园林中应用的支架有桩杆式支架和牵索式支架两种。

（7）工程收尾准备

工程收尾准备包括树干包裹、树木扶正与树盘覆盖。

4. 养护管理

按设计完成种植后，施工方还要进行一系列养护管理工作，以提高苗木成活率，巩固绿化成果。

二、园林植物景观配置形式

在园林植物中，乔木和灌木是骨干材料，在园林绿地中起骨架作用（图 5-34）。乔木、灌木的配置形式通常有六种，下面进行逐个介绍。

图 5-34　江苏扬州瘦西湖的植物景观

1. 孤植

孤植是单株配置，有时也可两株或三株紧密栽植，形成单株栽植的效果，但必须是同一树种。孤植是古典园林中广为采用的种植形式（图 5-35），可作为局部空间的观赏主景和建筑物的背景和侧景，同时也可起到庇荫、引导的作用。孤植主要是表现植株的个体特点，突出树木的个体美。孤植的树木需姿态优美、生长健壮或有特殊的观赏价值，最好寿命较长，能适应当地的生态环境，并且对人或环境无害。

图 5-35　江苏苏州狮子林的树木孤植

在园林中，孤植树种植的比例虽然很小，却有相当重要的作用。为了突出孤植树的观赏效果，一般将孤植树布置在周围空间开阔、有一定观赏视距、背景较单纯的地点，比如山顶、水边、草坪中、广场中、建筑山墙旁、道路转折处、园林入口对景处等。而且应根据空间的大小来选择树木的大小，这样才能形成构图比例尺度良好的效果。

孤植树在园林构图中并不是孤立的，它与周围的景物统一于园林的整体构图中。孤植树虽在数量上是少数，但若运用得当，便能起到画龙点睛的作用。孤植树既可成为景观的焦点，也可作为从密林、树群、树丛到另一个密林的过渡景。

2. 对植

对植一般是指两株树或者两丛树，按照一定的轴线关系左右对称或者均衡布局的种植方法，主要用于园林、建筑、广场等的出入口，具有遮阴和装饰美化的作用。对植树在构图上可以形成配景或夹景，但很少做主景。对植树在规则式或自然式的设计中都有广泛的运用（图 5-36）。

规则式对植一般采用同一树种、同一规格，按照全体景物的中轴线成对称配置，多运用于建筑较多的园林绿地。

自然式对植是采用两株体形、大小各有差异的不同树木或树丛，种植位置不等距，以主体景物的中轴线为支点取得均衡，来表现树木自然的变化。规格大的树木距轴线近，规格小的树木距轴线远，树姿动势向轴线集中。自然式对植的变化较大，形成的景观也比较生动活泼。

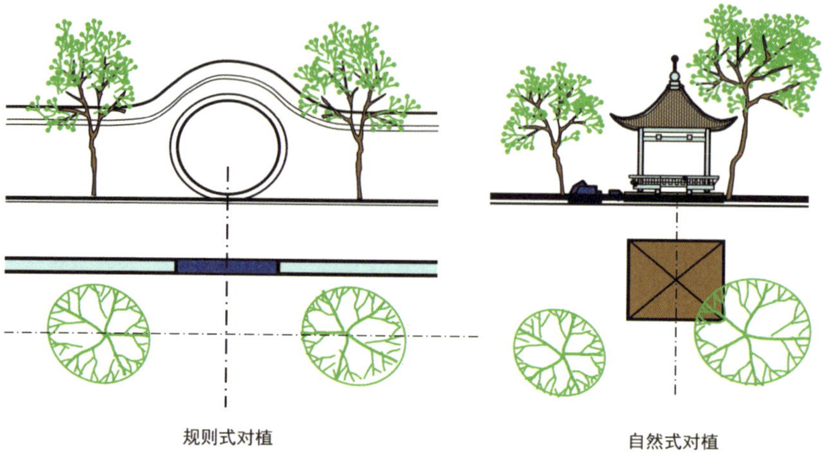

图 5-36　园林树木对植的类型

对植树的选择不太严格，无论是乔木还是灌木，只要树形整齐美观，均可采用，而且对植树附近还可以根据需要配置山石花草(图 5-37)。对植的树木在形态、大小、高矮、色彩等方面应与主景和环境协调一致。

图 5-37　江苏苏州留园的树木对植

3. 列植

列植是指乔木、灌木按一定的直线或缓曲线成排成行地栽植，是规则式园林绿地及入口、广场、道路等绿化中广泛应用的种植形式（图 5–38、图 5–39）。列植有单行列植、环状列植、顺行列植、错行列植四种类型（图 5–40），其株行距决定于树冠的成年冠径。若要在短期内就产生绿化效果，株行距可适当小一些、密一些，待成年时采用间伐（指定期伐去部分林木）来解决过密的问题。

图 5-38　浙江杭州西湖北山路的悬铃木列植

图 5-39　浙江杭州西湖白堤的桃柳列植

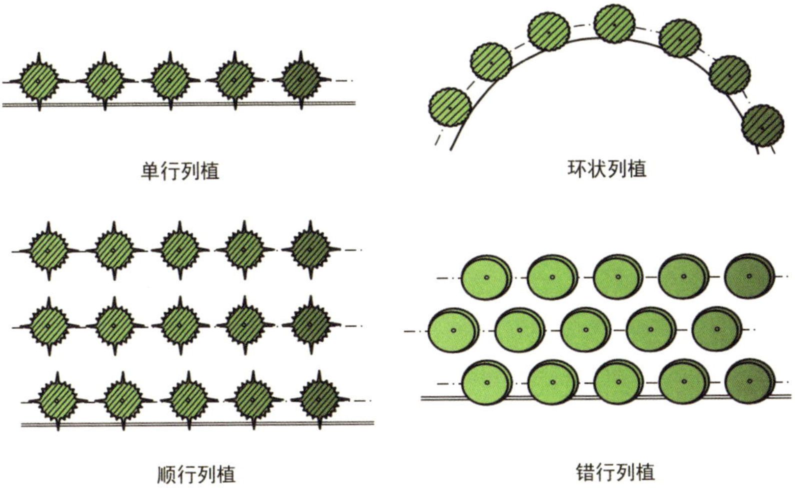

图 5-40　园林树木列植的类型

列植的树种，从树冠形态看最好是比较整齐的，如圆形、卵圆形、椭圆形、塔形，枝叶稀疏、树冠不整齐的树种不宜采用。由于行列栽植的地点一般受外界条件的影响大、立地条件差，在树种的选择上，应尽可能采用生长健壮、耐修剪、树干高、抗病虫的树种。列植时要处理好与道路、建筑物、地下和地上各种管线的关系。

4. 丛植

丛植通常是指由两株到十几株同种或多种乔木或乔灌木组合种植而成的配置类型，也叫“树丛”。丛植是园林绿地中运用广泛、重点布置的种植类型，是园林空间构图的骨架（图5-41）。它除了作为局部空间的观赏主景，也有庇荫、引导、配景等作用。丛植以反映树木群体美的整体形象为主，而这种群体美的形象又是通过个体之间的组合来体现的，因此要处理好株间、种间的关系。

图5-41 浙江湖州莲花庄的树木丛植

丛植可分为单纯丛植和混交丛植两类。庇荫用的树丛最好采用单纯乔木树丛形式，一般不用或少用灌木配植，以树冠展开的高大乔木为宜；而作为主景、引导、配景用的树丛，则多采用乔灌木组合的形式。

树丛的配置，株数越多越复杂。但总的来说，孤植与两株配置是基本单位，三株由两株与一株组成，四株由三株和一株组成，五株则由三株与两株或四株与一株组成（图5-42），总的原则是构成“一大一小”和“不等边三角形”。如果掌握了五株的配置，则六株、七株、八株、九株甚至更多植株的配置也就运用自如了。其关键之处在于协调中有对比、差异中求统一。株数多时，树种可增加，但必须注意外形不能相差太大。一般来说，七株以下的树种不宜超过三种，十五株以下不要超过五种。

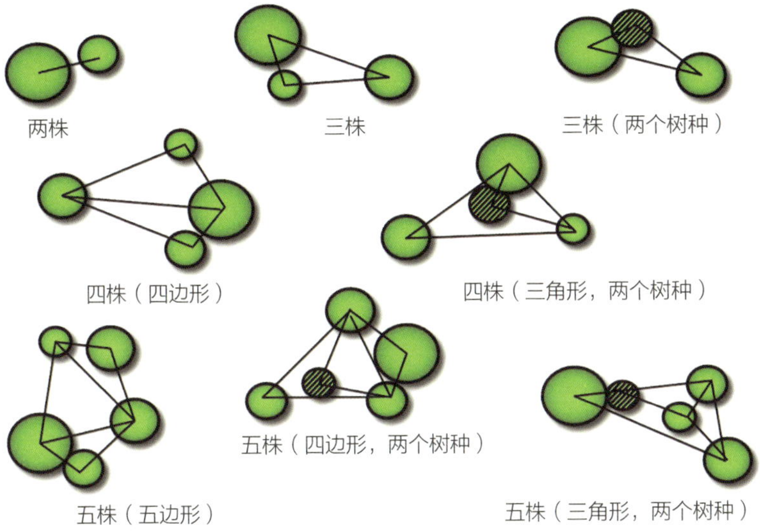

图 5-42　园林树木丛植的基本模式

5. 群植

群植是指将数量较多的乔灌木、地被植物配置在一起，形成一个整体，树群的乔灌木一般在二十株以上。它表现的是植物的群体美，主要观赏其层次、外缘和林冠等（图 5-43）。树群是园林的骨干，用以组织空间、划分区域，也可根据需要，以一定的方式组成主景或配景，起到隔离、屏障的作用。

树群的配置因树种的不同，可以组成单纯树群或混交树群。其中混交树群是园林中树群的主要形式，所用的树种较多，能够使林缘、林冠形成不同的层次。

图 5-43　江苏南京瞻园的树木群植

混交树群规模不宜太大，应模仿自然界森林的结构进行设计。可分为五个组成部分，即乔木层、亚乔木层、大灌木层、小灌木层及多年生草本（或地被）植物层。其中每一层植物都要有所显露，其显露部分应该是该植物观赏特征突出的部分。乔木层选用的树种，树冠的姿态要丰富一些，使整个树群的林冠线富于变化；亚乔木层选用的树种，最好开花繁茂，或者具有美丽的叶苞；灌木应以花木为主；地被植物可以是多年生野生花卉，也可以是常绿地被植物，树群下的土面不应暴露。树群组合的基本原则是乔木层在中央，亚乔木层在其四周，大灌木、小灌木在外缘，这样不致互相遮掩。但其各个方向的断面不能像金字塔那样显得过于机械，树群的某些外缘可以配植一两个树丛及几株孤植树。

树群内植物的栽植距离要有疏密变化，相互间要构成不等边三边形，切忌成行、成排、成带地栽植。常绿、落叶、观叶、观花的树木混交组合时，若面积太大，则应用复层混交及小块混交与点状混交相结合的方式。

树群内，树木的组合还需结合生态习性。比如，第一层乔木应该是阳性的，第二层亚乔木可以是半阴性的，种植在乔木树荫下及北面的灌木应是半阴性和阴性的，而喜阳的植物应该配置在树群的南方、东南方和西南方。树群的外貌，立面要有起伏变化，平面要有凹凸变化，另外还要有四季的季相变化。总之，混交树群除注意生态条件外，还必须注意美观效果。

树群与前面的树丛，从配置模式来说有所不同。边缘树外斜，树木组合成树丛；边缘树直立，树木组合成树群（图 5-44）。

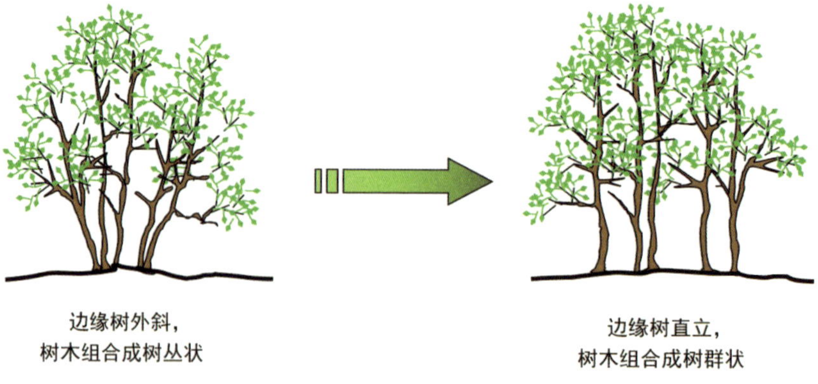

图 5-44　树丛与树群的不同配置模式

6. 林植

林植是指成片、成块大量栽植乔灌木，构成林地或森林景观的种植形式。林植形成的景观也叫“树林”，若长短轴之比大于 4 ∶ 1，则称为“林带”。树林在园林绿地中有防护、分隔、围合、庇荫、充当背景或组成风景林等作用。树林按树种可分为纯林和混交林，按郁闭度（指森林中乔木树冠在阳光直射下在地面的总投影面积与此林地总面积的比）可分为疏林（0.4 ~ 0.69）和密林（0.7 ~ 1.0）。

在密林中，阳光很少透入林下，因此土壤湿度大，地被植物含水量高，组织柔软脆弱，经不起踩踏，不便游人活动，在绿地设计中一般不能超过陆地绿化面积的 40%。单纯密林应选用富于观赏价值而生长健壮的乡土树种。为使林冠线变化丰富，可采用异龄树种或利用起伏的地形造林；林缘线设计则要注意收合关系，做到流畅平滑、有进有退，形成大小不一的空间变化和忽远忽近的景深（图 5–45）。混交密林可以是具有多层结构的植物群落，结构设计与混交树群相似。为了提高林下景观的艺术效果和使用效果，有利于下层植被正常生长和增强可见度，密林的郁闭度可在 0.7 ~ 0.8 之间，但也有更高的。

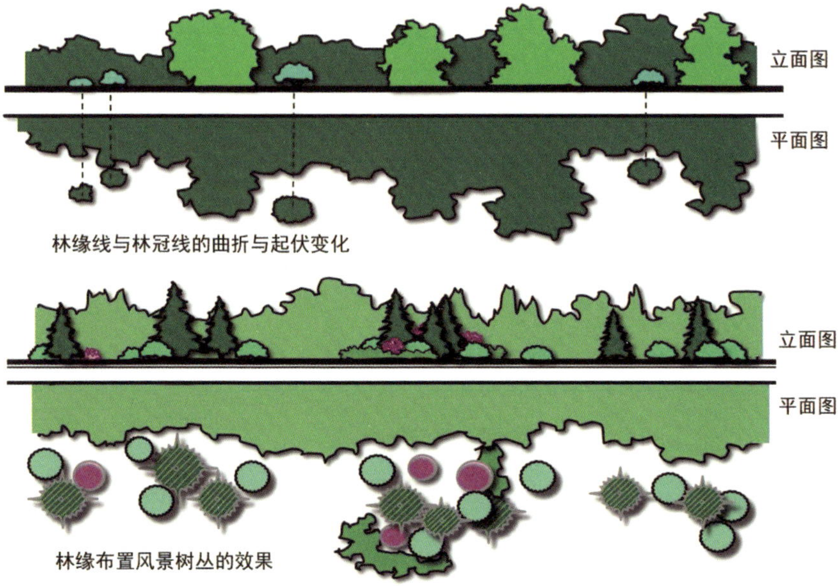

图 5–45　富于起伏变化的树林林冠线与林缘线

单纯密林（图 5-46）和混交密林在艺术效果上各有特点，前者简洁壮阔，后者华丽多彩，两者相互衬托。而从生物学的特性来看，混交密林比单纯密林的生态效益好。

疏林常与草地结合，又称“疏林草地”。不论是鸟语花香的春天、浓荫蔽日的夏天，还是晴空万里的秋天，游人总是喜欢在林间草地上休息、游戏、看书、摄影、野餐、观景，即使在白雪皑皑的冬天，疏林草地内依然别具风味，因此它是园林中应用较多的一种形式。疏林中的树种应具有较高的观赏价值，生长健壮，树冠疏朗开展，使四季皆有较好的观赏效果。设计时要特别注意林中空地周围林缘的景观处理，包括树种的搭配及竖向和水平层次的组合。

图 5-46　浙江杭州西湖曲院风荷的树木林植

第三节 园林植物景观营造案例

从先秦时期的文学典籍《诗经》《楚辞》对植物的记载开始，名贵花木、奇花异卉的繁育与栽植就屡见不鲜，植物新品种层出不穷，为中国园林赢得了“世界园林之母”的美誉。与此同时，园林中的植物景点、植物文化也逐步发展成熟，蔚为大观。

一、江苏苏州拙政园植物景观

拙政园位于江苏省苏州市姑苏区东北街 178 号，处于苏州城的东北部，南临东北街，北接平家巷，东起道堂巷，西止萧王弄。这一带历史悠久，人文荟萃。

拙政园是中国园林的杰出代表，也是江南园林的典范。1961 年被列为第一批全国重点文物保护单位，1997 年被联合国教科文组织列入世界文化遗产名录，2007 年被评为国家 AAAAA 级旅游景区。

拙政园造景以水见长、山水相依，建筑类型丰富、形式多样，同时，因为拙政园绿化面积较大，所以植物不但品种丰富，而且数量很多。园内植物的栽植非常巧妙精湛，历史上该园即以“林木绝胜”而著称，虽有林木花卉几千株，但多而不乱，经营得颇有章法。并且，花木与山、水、建筑紧密结合，形成了“乔木参天，有山村杳冥之歌”的城市山林。

苏州自然条件比较优越，花木生长良好，种类繁多。据统计，拙政园绿化面积占陆地面积的 1/2 以上，有观花类、观果类、观叶类、林荫类、藤蔓类、竹类、草本与水生类植物苗木两千多株，百年以上古树二十七株，花木种类在百种以上。在拙政园中，无论四时、八节、晨昏，都有景可赏、有花可看，可谓一年无日不看花。春天有玉兰堂的早春玉兰、海棠春坞的海棠花（图 5–47）、绣绮亭下的牡丹花和杜鹃花，夏天可在荷香四溢的远香堂、荷风四面亭中赏荷观莲（图 5–48），秋天可见待霜亭前的鸡爪槭、乌桕（图 5–49），冬天可上雪香云蔚亭踏雪寻梅（图 5–50）。

图 5-47　海棠春坞的海棠花

图 5-48　荷风四面亭的荷花

图 5-49　待霜亭前的乌桕与鸡爪槭

图 5-50　雪香云蔚亭前的梅花（此为春景）

拙政园中主要选用当地传统的观赏植物和经济植物，比如松、榆、槐、枫、柳、桃、梅、竹、女贞、海棠、荷花等。园林中的花木以落叶树为主，配合若干常绿树，再辅以藤萝、竹类、芭蕉、草花，构成丰富的植物景观。在大片落叶树和常绿树的混合配置中，利用各种树形的大小、树叶的疏密、色调的明暗，构成富于变化的景色，在形成自然山林氛围方面起着重要作用（图 5–51、图 5–52）。

花木既是园林中造景的素材，也往往是观赏的主题。拙政园早在明代王献臣始建时就广植花木，园中有多处直接以观赏花木为主题或借花木而抒发意趣的景点。明代文徵明在《王氏拙政园记》和《拙政园图》中记述了园中景物，其中以花木命名的景点如玫瑰柴、蔷薇径、芭蕉槛等，就占一半以上。园子虽经历时代

图 5-51　拙政园中植物景观形成的城市山林氛围（1）

图 5-52　拙政园中植物景观形成的城市山林氛围（2）

变迁，园主们对花木的热爱却不改。现园中许多建筑物仍然主要以周围的花木特征命名，以描述景致的特点（表5-1），比如远香堂、倚玉轩、雪香云蔚亭、待霜亭、梧竹幽居、柳荫路曲、十八曼陀罗花馆等。为突出某一主题时，选择同一品种的花木，或以某一品种为主、辅以其他品种，并和周边建筑及山水结合起来，共同表现出景点的主题。

表5-1 拙政园各景点的主题植物

景点	最佳观赏期	色彩	主栽植物	配置特点
雪香云蔚亭	2～3月	白	梅	亭周散植，迎春等配景
兰雪堂	3～4月	白	玉兰	堂前对植，白皮松等配景
玉兰堂	3～4月	白	玉兰	堂前对植，南天竹等配景
绿漪亭	3～4月	绿、红	柳、碧桃	河边列植，翠竹配景
海棠春坞	4月	红	海棠类	房前孤植，竹丛配景
绣绮亭	4月中、下旬	红、白等	牡丹	山坡丛植，书带草等配景
十八曼陀罗花馆	4～5月	红、白	山茶	堂前对植，白皮松配景
听雨轩	春夏雨日	绿	芭蕉	庭园丛植
涵青亭	春夏	绿	萍、藻类	水面栽植，树林配景
嘉实亭	5～6月	绿果	梅	亭周散植，枫杨相配
枇杷园	6月	黄果	枇杷	梯田状花坛群植，灌木配景
芙蓉榭	6～7月	绿、粉红	荷花	水面点植
荷风四面亭	6～7月	绿、粉红	荷花	水面点植
藕香榭	6～7月	绿、粉红	荷花	水面点植
远香堂	6～7月	绿、白	荷花	水面点植
香洲	夏季	绿、粉红	荷花、萍、藻类	水面栽植
梧竹幽居	夏秋	绿	梧桐、慈孝竹	交互丛植
留听阁	秋季雨日	绿、黄	荷花（残荷叶）	水面点植
秫香馆	10～11月	金黄	稻秫	借园外粮田秋熟稻香
待霜亭	10～11月	红、黄叶	乌桕、鸡爪槭	亭周山坡散植
得真亭	冬季	深绿	圆柏	对植
听松风处	四季	绿	黑松	孤植，藻丛配置
倚玉轩	四季	绿	慈孝竹	树坛丛植
浮翠阁	四季	绿	林木	四周密植林木

荷花、山茶花、杜鹃花是拙政园的三大名花。

远香堂、芙蓉榭、留听阁、藕香榭（见山楼底层）、荷风四面亭、香洲等景点因荷而闻名。荷花以“出淤泥而不染”“香远益清”的品格，使拙政园以其为主要花卉的植物造景传统延续至今，并成为拙政园的传统名花。从 1996 年起，一年一度的拙政园荷花节成为人们喜爱的荷花盛会。展览期间，缸荷、碗莲与荷塘交相辉映，形成“接天莲叶无穷碧，映日荷花别样红”的胜景。

拙政园的宝珠山茶，在历史上长期享有盛名。清代顺治年间，诗人吴伟业有《咏拙政园山茶》诗作，之后三百年间，文人墨客题咏唱和不绝。光绪年间，补园（拙政园西部）主人张履谦建十八曼陀罗花馆，因植名种山茶十八株而得名。可见，山茶花作为拙政园除荷花之外另一种传统名花，也与拙政园的历史兴衰密不可分（图 5–53）。

拙政园的杜鹃花栽培于 20 世纪 60 年代，从盆景园内栽培开始，经过多年精心培育，如今拙政园杜鹃花在苏州乃至全国的杜鹃花行业里都占有一席之地。虽然与荷花、山茶花相比历史较短，但杜鹃花栽培发展迅速，成为园内一道亮丽的风景线（图 5–54），并且每年春天的杜鹃花节也成为拙政园的特色项目。

图 5-53　拙政园山茶花

图 5-54　拙政园杜鹃花

拙政园内另一著名景点为文徵明手植紫藤（图 5–55），在古戏台前的小庭院内。紫藤已有四百多年历史，虬干苍劲，开花时垂串紫玉，成为历史的见证。

图 5-55　文徵明手植紫藤

二、浙江杭州花港观鱼公园植物景观

花港观鱼公园地处浙江杭州西湖西南，三面临水，一面倚山。南宋时有一条小溪从花家山经此流入西湖，这条小溪就叫“花溪”，南宋内侍官卢允升在花溪侧畔建了一座山野茅舍，称为“卢园”。园内架梁为舍，叠石为山，凿地为池，立埠为港，畜养异色鱼类，广植花木。因游人萃集、雅士题咏，而被称为“花港观鱼”。这期间，宫廷画师创作西湖十景组画时将它列入其中，由此名声远扬。清康熙三十八年（1699 年），康熙帝驾临西湖，题书花港观鱼景点，刻石建碑于鱼池畔。后来乾隆帝下江南游西湖时，又有诗作题刻于碑后：“花家山下流花港，花著鱼身鱼嘬花。”

清末以后，花港观鱼衰败，到 1949 年前夕，由于年久失修，仅剩下一池、一碑、约三亩荒芜的园地。1952 年，由孙筱祥先生主持花港观鱼公园的规划设计（20 世纪 50 年代初，孙先生担任杭州市西湖风景建设小组组长，之后又兼任杭州市都市计划委员会委员，后调入北京林学院园林系，即现北京林业大学园林学院）。在原来花港观鱼的基础上向西拓展，利用该处优越的环境条件和高低起伏的地形，以及原有的几座私人庄园，疏通港道，开辟了金鱼池、牡丹园、大草坪，并整修蒋庄、藏山阁，新建茶室、休息亭廊。至 1955 年，初步建成了以花、港、鱼为特色的著名景点。1964年二期扩建工程告竣后，公园占地面积达20公顷。2003年，西湖综合保护工程沿杨公堤开挖水系，使花港内部水体与西湖西进水体连通，公园格局进一步完善，面积达到32.8公顷。

花港观鱼公园的空间布局充分利用了原有的自然地形条件，以中国传统名花牡丹和世界最早养殖的金鱼——红锦鲤为特色景观要素，景区划分明确（图5–56），各具鲜明的主题和特点。全园分为红鱼池（图5–57）、牡丹园（图5–58）、密林、大草坪（图5–59）、花港五个景区。在空间构图上层次丰富，景观节奏清晰、跌宕有致，既曲折变化，又整体连贯、一气呵成。它的最大特色在于将开敞的大草坪与自然种植的密林配合在一起，把中国园林艺术空间布局和欧洲自然风景园造园艺术手法巧妙统一，中西合璧，又不露斧凿痕迹，使景观清雅幽深、开朗旷达、和谐一致。花港观鱼公园的艺术布局，对于发展具有民族特色而又有新时代特点的中国园林具有开拓意义和引领价值。

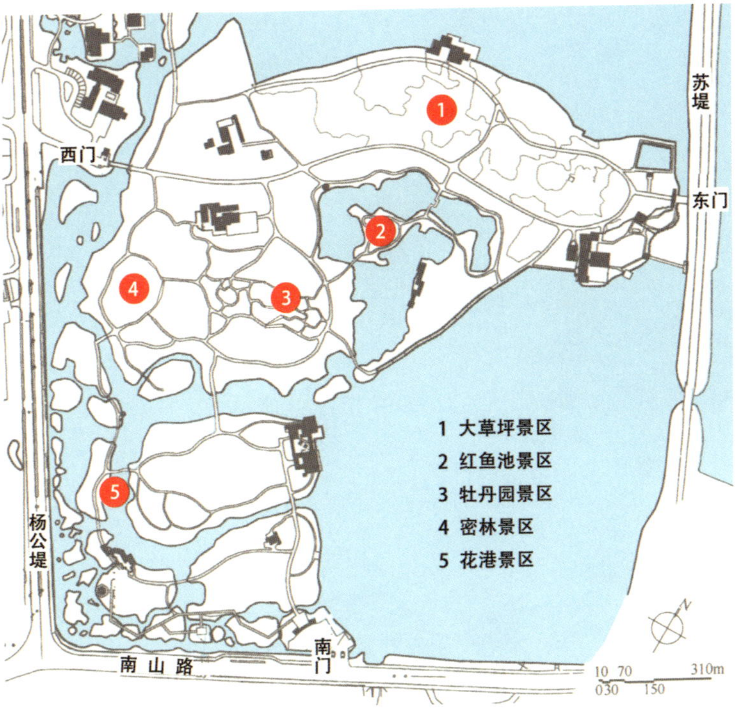

图 5-56　花港观鱼公园分区平面图

图 5-57　花港观鱼公园红鱼池景区

图 5-58 花港观鱼公园牡丹园景区

图 5-59 花港观鱼公园大草坪景区

花港观鱼公园以优美的植物景观而著称，孙筱祥先生对园林植物的体量、层次、色彩、明暗、质感、季相的对比、组合、搭配都做了仔细的推敲（图 5–60）。全园在统一基调树种——广玉兰的基础上，形成了各景区不同的植物主题，比如大草坪景区的樱花、红鱼池景区的海棠、牡丹园的牡丹（图 5–61）。而且，花港观鱼公园植物景观十分注重季相变化，其中以春季和秋季最为丰富。早春有梅花、玉兰、迎春，

随后有紫荆、海棠、樱花，晚春有牡丹、芍药；夏天有广玉兰、紫薇、荷花；秋天有石蒜、桂花、鸡爪槭；冬季有蜡梅、山茶。同时，还着意植物与建筑、山石之间的曲线、体量的调和，对花木的大小、高低、俯仰、盘曲等都做了严格的选择。在体形的组合、层次的搭配、轮廓的勾勒上，都尽显山水画论的精髓。此外，由于公园内水体面积较大，通过滨水植物的种植搭配，还丰富了水景的层次和季相变化（图 5–62）。

图 5-60　花港观鱼公园植物景观鸟瞰

图 5-61　花港观鱼公园牡丹园植物配置

图 5-62 花港观鱼公园滨水植物配置

花港观鱼公园的核心景点——牡丹园，颇具造园匠心。全园面积约1 公顷，纵横交错的鹅卵石小路把全园分割成十八个小区。丘阜隆起，在最高处建重檐八角攒尖顶的牡丹亭，成为全园焦点。绕亭植有各种名贵牡丹、芍药，品种达数百种，按不同品种分为十多个花境小区块。此外，还配置有山石和黑松、白皮松、赤松、日本五针松、罗汉松、龙柏、匍地柏、梅、芍药、红枫、鸡爪槭、羽毛枫、紫薇、垂丝海棠、杜鹃等花木，高低错落，疏密得体。东南侧坡上有一座平台，地上用黑白卵石铺砌成梅树图案，平台旁植古梅一株，取宋代诗人林逋《山园小梅》诗中“疏影横斜水清浅，暗香浮动月黄昏”的意境，现代国学大师马一浮先生题笔称之为“梅影坡”。

花港观鱼公园是中华人民共和国成立后杭州西湖风景名胜区规划设计和兴建的第一座大型现代公园，也是整理和改建历史遗留风景名胜的试点工程，对西湖风景名胜区的发展具有特殊的历史意义。花港观鱼公园的规划设计、建设和管理立足于人的需求，在继承中国优秀园林艺术传统的基础上，吸收了西方特别是英国自然式园林的优点，具有重大的创新和突破，对西湖风景名胜区公园的建设乃至中国风景园林的建设产生了重要影响，是中国现代园林规划设计和建设的优秀典范。